丛书编委会

总　策　划：来新国　王文成

编委会主任：郭齐勇　周晓亮

编　　　委：来新国　陈知涯　张　彧　尹格韬　沈　众
　　　　　　王文成　孟淑贤　周长志　罗养毅　秦　丹
　　　　　　乌　琛

杜黑

袁德金 著

大家精要

陕西师范大学出版总社

图书代号：SK16N1042

图书在版编目（CIP）数据

杜黑/袁德金著. —西安：陕西师范大学出版总社有限公司，2017.1

（大家精要）

ISBN 978-7-5613-8746-7

Ⅰ.①杜… Ⅱ.①袁… Ⅲ.①杜黑（Douhet, Giulio 1869—1930）–传记 Ⅳ.①K835.465.2

中国版本图书馆CIP数据核字（2016）第272607号

杜 黑　DUHEI

袁德金　著

责任编辑	王西莹　彭　燕
特邀编辑	宋亚杰
封面设计	张潇伊
出版发行	陕西师范大学出版总社
	（西安市长安南路199号　邮编710062）
网　　址	http://www.snupg.com
印　　制	三河市良远印务有限公司
开　　本	660mm×980mm　1/16
印　　张	10
字　　数	100千
版　　次	2017年1月第1版
印　　次	2017年1月第1次印刷
书　　号	ISBN 978-7-5613-8746-7
定　　价	20.00元

读者购书、书店添货或发现印刷装订问题，请与本公司销售部联系、调换。

电话：（029）85303879　　传真：（029）85307864　　85303629

目　录

第 1 章　最早把目光投向空中的军事理论家 / 001
出身于军人世家 / 002
年轻有为的航空营营长 / 005
蒙受冤屈前后 / 009
潜心研究制空权理论 / 013

第 2 章　飞机引起新的战争革命 / 016
坚定的"飞机派" / 016
飞机可以"在三度空间中自由飞行" / 022
飞机"是一种出色的进攻性武器" / 026

第 3 章　空中战场是决定性战场 / 034
天空是一个同等重要的战场 / 034
空中战场决定其他战场 / 038
空中打击直接影响战争胜负 / 039

第 4 章　掌握制空权就是胜利 / 045

制空权就是飞行的自由权 / 046

夺得制空权＝胜利 / 051

靠空军去夺取制空权 / 056

摧毁"鸟蛋"和"鸟巢" / 059

第 5 章　独立空军是绝对重要的 / 064

空军是新战场上作战的独立实体 / 064

空军应与陆军和海军是平等兄弟 / 071

独立空军必须具有足够力量 / 074

空军的主要成分是轰炸队和空战队 / 077

第 6 章　陆、海、空三军是一件三刃的战争工具 / 084

空军并不是胜利的唯一的因素 / 084

陆、海、空三军必须充分协同 / 086

陆、海、空建设应当有重点 / 090

培养"总体战的专家" / 093

第 7 章　指导空中作战的原则 / 096

集中所有力量于空中 / 096

空中力量永远应当集中使用 / 099

空中作战只有进攻 / 104

在空中决定胜利的是火力 / 108

有效的防空只能是间接的 / 109

第 8 章　建设军事航空后备力量 / 115
未来战争是总体战 / 115

民航的发展使空军拥有庞大的后备力量 / 117

为了国家安全应促进民航的发展 / 121

航空事业应坚持军用和民用兼顾 / 123

第 9 章　思想的传播和不同的评价 / 127
思想的广泛传播 / 127

不尽相同的评价 / 129

争论的主要问题 / 135

第 10 章　不可泯灭的历史贡献 / 138
空军理论体系的奠基者 / 138

独立空军思想的创立者 / 142

航空技术发展的推动者 / 147

战争样式演变的预见者 / 149

附录
年谱 / 151

主要著作 / 152

参考书目 / 152

第 1 章

最早把目光投向空中的军事理论家

20世纪初，随着飞机的发明并投入战争，有关空战、制空权的问题开始引起人们的注意。一位军事理论大家最早注意了这方面的问题，并为此研究了一生。他就是意大利著名军事理论家朱里奥·杜黑。他是一位敢于面向未来，勇于创新的军事理论家。听听他是怎样说的吧："死抱着过去陈旧的东西不放对未来没有什么教益，因为未来跟过去发生的一切根本不同。对未来必须从一个新的角度探索。""胜利向那些能预见战争特性变化的人微笑，而不是向那些等待变化发生才去适应的人微笑。在这个战争样式迅速变动的时代，谁敢走新路，谁就能取得新战争手段带来的无可估量的利益。"他是第一位把人类战争的视野从陆地和海洋引向天空、从平面引向立体的军事理论家，是第一位创立了崭新的制空权理论、第一次揭开空中作战秘密的军事理论家。

一个人的思想产生和形成同他的生活经历有着千丝万缕的联系。要认识杜黑这位生活在20世纪20年代的军事理论大家，有必要追溯他那坎坷的军事生涯。他的一生可以说是为创立空军理论而不断努力的一生，难怪大家称他是世界上第一个呼吁人们注意空中战争问题的人。

出身于军人世家

1869 年 5 月 30 日，位于意大利南部那不勒斯附近的卡塞塔镇，人们都在有条不紊地忙着自己的事情，一切都是那么的恬静。突然，"哇……"一声婴儿的啼哭声打破了这里的恬静。一个男婴在这个小镇出生了。这个男婴就是后来提出制空权理论的意大利著名军事理论家、被人们称为"空军战略之父"的朱里奥·杜黑。

小杜黑出生时同其他刚出生的男婴一样，并没有什么特殊的地方，他的啼哭声并不比其他孩子更响亮，更没有什么奇迹发生。可他给他的家庭带来了极大的喜悦和欢乐，全家开始为这个刚来到世间的小男婴忙碌了起来，并祈祷他一生快乐且健康地成长。

这是一个军人世家，也是一个生意兴隆的商贾之家，家中的几代人都服务于意大利萨优依王室。优厚的家庭条件为小杜黑的成长提供了很好的环境。在这个家庭中，小杜黑无忧无虑地成长着，并不断地受着这个军人世家的熏陶。

童年的生活是快乐、幸福的。在长辈的眼里，童年的小杜黑算不上调皮，也没有什么特别之处。同其他的小男孩一样，他做自己喜欢的事情，他玩自己喜欢的游戏，整天无忧无虑。很快就到了上小学的年龄，家里送他进了学校。在学校里，他学习得很轻松，成绩也不错。几年的时间转眼就过去，杜黑小学毕业了。

小学毕业后，杜黑顺利地考上了中学。在中学里，杜黑还是一个普通的中学生，并没有显示出什么特殊的才能或天分。但是，在父母的严厉训导之下，杜黑从孩童时期起就养成了浓厚的读书兴趣。他除了认真学习课程内容以外，还如饥似渴地阅读各种书籍。他对有关科学技术的读物尤为喜爱，经常手不释卷，挑灯夜读，父亲给的零花钱也都被他换回了各种各样的有关科学技术的最新读物。就这样，中学生杜黑抓紧一切时间学习、读书，徜徉在知识的海洋里，不断吸收各种各样的有关科学技术的知识。

或许是由于杜黑出生于军队世家，身上流淌着军人血脉的缘故，这时，他不仅对科学技术知识有着浓厚的兴趣，而且对军事也有一种天然的喜好。15岁时，他开始迷上了军事，古罗马帝国的军事史，恺撒、贝利撒留等著名将领的战争业绩都给杜黑留下了深刻印象。从这时起，杜黑立下志向，将来投笔从戎，以最新科学技术知识武装意大利的军队与人民，重振古罗马昔日的雄风。

有了如此的志向，中学毕业后，杜黑应征参加了意大利陆军，并考入位于都灵的意大利陆军炮兵学院，开始了军人生涯。这是一所正规的军事院校，严格的军校生活为杜黑开辟了一片新的天地。在陆军炮兵学院里，各种各样的军事知识深深地吸引着杜黑，他学习更加刻苦，利用一切时间读书、学习，恨不能把所有的军事知识都装进他的头脑中。这里的教员都很喜欢这个学习刻苦的青年，许多教员只要一提到杜黑的名字就赞誉有加。1888年，这是杜黑永远值得纪念的一年。这一年，19岁的他以全班第一名的优异成绩，从陆军炮兵学院毕业了，并被授予陆军中尉军衔，成为一名真正的意大利陆军军官。

19岁的青年陆军军官杜黑，可谓风华正茂。但是，他并没有满足眼前的这一切。他还要学习更多的知识，掌握更多的本领，去做更大的事情，以实现他中学时代立下的远大志向。

正好杜黑赶上了一个好时代。这时，欧洲社会进入了一段短暂的和平时期，产业革命在主要资本主义国家迅猛发展，科学技术特别是工程技术革新层出不穷，各种新兴科学不断涌现。生活在这样的时代，为求知欲强、对科学技术有着广泛兴趣的杜黑提供了成才的良机。他并没有让这一良机溜走，而是牢牢地抓住了它。他已经初步认识到要掌握军事这一门复杂的科学，单纯懂得军事知识是不行的，还必须掌握更多的科学技术知识，特别是要把这两种知识结合起来。因此，他不仅对军事仍然有极大的兴趣，而且热衷于工程技术，特别关注先进的科学技术在军事上的应用。

为了系统学习先进的工程技术知识，在陆军炮兵学院毕业后不久，杜黑又报考了意大利都灵工程学院，学习高级电工技术课程。在都灵工程学院，他还是抓紧一切时间努力学习，勇于钻研，学习成绩一直名列前茅。毕业前夕，他选择了《旋转磁场发动机的设计》作为学位论文的选题。为完成学位论文，他不断地研究，深入地探讨，花费了比别人多得多的心血，从而在论文中提出了不少新的观点，受到院方和专家的充分肯定，并被选入该院的教科书，成为这一领域研究的专著。

杜黑从都灵工程学院毕业后，已成为一名既有军事理论知识，又懂科学技术的陆军军官。作为一名有发展前途的青年陆军军官，他又被选送到意大利陆军学院进一步学习。这是意大利一座有较高层次的军事院校。在这里，杜黑不仅学习战役战术理论，而且学习战略理论，并把科学技术同军事理论的学习结合起来，全面丰富了他的理论素养，大大开阔了他的眼界，为他在军事领域里全面施展自己的才华提供了必备的知识。

从意大利陆军学院毕业后，杜黑曾被派到陆军许多岗位工作，他把所学的丰富的理论知识与军事实践相结合，不仅取得了出色的业绩，也开始显露其军事理论领域的才华。因此，他很快就被调到陆军参谋部工作，并晋升为陆军上尉军衔。

从陆军基层部队来到陆军参谋部工作，这使杜黑有机会了解到统帅部工作的情况。这一经历，对他日后关注国家和战争全局、善于从战略高度研究考察问题产生了很大影响。在此期间，杜黑特别关注新的科学技术的发展及其在军事领域的运用，并不断进行研究，发表了不少很有见地的新观点、新见解。从1901年至1904年的四年时间里，他在各种刊物上发表了一系列有关机械化与陆军作战的演讲论文，如《从军事观点看机械化》《重型机械与军事机械化》《军用重型车辆驾驶手册》等，充分反映了他热衷于从科学技术的发展角度，探索军事未来的科学态度。

杜黑的这种积极探索精神及卓越的才能，得到了意大利军队的肯定。不久，他被任命为意大利第一位摩托营的营长，并晋升为少校军衔。

年轻有为的航空营营长

在1908年5月以前，杜黑一直是意大利陆军的一名少校军官。但是，就在这一个月的一天，一贯对新生事物抱有浓厚兴趣的杜黑第一次看到了飞行表演，从而使杜黑的人生发生了极大的改变。从此，这位陆军少校军官与航空结下了不解之缘，步入了为之奋斗终生的空中战争理论和空军军事学术研究。

这是一次奇特的飞行表演，也可以说，是一次不成功的飞行表演。这是由法国著名飞机设计师加布里埃尔·瓦赞和飞行员莱昂·德拉格拉热在意大利罗马进行的表演。正当表演开始时，天气骤变，刮起了狂风。面对众多热情的观众，飞行表演不能取消，德拉格拉热只好驾驶飞机顶着狂风起飞，简陋的飞机在狂风中就像一只弱不禁风的风筝起飞了。不过，飞机起飞后，勉强离开地面三英尺高，只在"草地上蹦蹦跳跳了几下"就完成了飞行动作。观众们被眼前的一切震惊了，他们没有想到飞行表演竟然是如此的模样，似乎都感到被愚弄了。一时间，现场响起了一片愤怒声、叫骂声，有的人甚至还拿起石块扔向飞机。紧接着，人们一起向飞行人员拥去，恨不得把飞行人员抛向天空，警察不得不动用武力将飞行人员安全护送到住地。

这就是杜黑第一次看到的飞行表演。他虽然没有看到他想象中的飞行表演，看到的只是飞机在"草地上蹦蹦跳跳了几下"。但是，他并没有像其他人那样对飞行失败一味地抱怨、责难，而是以一种科学的态度审视他看到的一切，从中意识到了这一新生事物的前途，并对航空产生了浓厚的兴趣。他的思想也开始飞向了蓝色的天空。

观看了这次飞行表演后，熟谙工程技术的杜黑从中得到了启示。他坚信，虽然飞机这种新的航空手段现在仅能在"草地上蹦蹦跳跳几下"，离开地面几英尺，但很快它将能飞上几千英尺高的蓝天，并能飞越到千里之外。

在意大利与土耳其的战争中，意大利第一次使用了飞机，并取得了很好效果。这次战争过后不久，意大利陆军成立了航空督察处，专门掌管全国的军事航空事务，下设一个飞机试验中心，一个工程兵特种营（先前的特种大队）。不久，工程兵特种营改名为航空营。由于杜黑对航空的热爱，他便成为意大利第一任航空营营长的得力助手之一。正在这时，杜黑接受了意大利陆军部交给他的一项任务，撰写一份关于航空兵的研究报告。在这份篇幅较长的研究报告中，杜黑详细论述了组建一支空军的必要性，以及这支空中力量的组织结构、飞机和人员的数量等内容，第一次显露了他在军事航空方面的才能。很快，杜黑便被任命为航空营营长。

杜黑由陆军地面部队转入航空部队，由一名普通陆军军官晋升为航空营营长，为实现他的志向带来了希望。他对此深感庆幸，决心抓住这一难得的机遇有所作为。他一边参加航空部队的飞行训练，一边潜心研究航空兵理论。为了使航空营的战斗行动有所遵循，杜黑主持编写了世界空军史上第一本航空兵作战手册。1913年，杜黑又为意大利军事航空制定出第一个《飞机作战使用概则》，对飞行训练、作战使用等军事航空的基本问题作了明确规定。然而，《飞机作战使用概则》的一些内容却遭到了意大利军队中保守势力的反对，陆军总参谋部在审查时也删去了一些内容。尽管如此，杜黑的这项开拓性的工作对航空营的建设还是起到了非常重要的作用，保证了意大利军事航空在一开始就步入了正轨。

杜黑对工程技术颇有研究，他深深知道，航空技术的革新是推动意大利军事航空发展的关键。于是，他时刻关注着航空技术的发展。1913年，意大利著名飞机设计师卡普洛尼向杜黑提出了研制一种有三台发动机的轰炸机的设想，杜黑对这一建议充分肯定并予以大力支持。他和卡普洛尼紧密配合、认真设计，终于完成了前期工作。但是，意大利陆军部却以技术力量不够、该机的军事价值不大和经费缺乏为由，拒绝研制这种轰炸机。

事实上，1912年11月，俄国圣彼得堡的俄罗斯波罗的海工厂已制造成了一架西科尔斯基设计的重型飞机。这架飞机重4545公斤，翼展28米，装4台100马力四汽缸水冷却发动机，被人们称为"伟大"号。1913年5月13日，西科尔斯基亲自驾驶这架飞机首次飞行成功，正式命名该机为"俄罗斯勇士"号。在此基础上，西科尔斯基又进行改造，于同年年底制成了世界上第一架重型轰炸机，并以俄罗斯勇士歌中的主人公——俄罗斯大地卫士伊里亚·穆罗梅茨的名字命名。

1914年8月，第一次世界大战爆发，轰炸已成为军用飞机的一项重要任务。杜黑清楚地看到了这一点，他不顾意大利陆军部的反对，坚持自己的意见，并亲自主持研制轰炸机的工作。11月，意大利第一架拥有三台发动机的轰炸机——卡普洛尼-300型重型轰炸机终于研制成功。杜黑立即向意大利陆军部申请批准制造这种飞机。但是，保守的意大利陆军部并不相信这种新型飞机的卓越性能和实战威力，还是没有给予足够的重视。杜黑又多方奔走、到处游说，陆军部对制造这种轰炸机的报告仍然无动于衷，不予批准。

就在意大利陆军部对杜黑提出的申请报告迟迟不批的时候，法国得知意大利研制出了卡普洛尼-300型重型轰炸机的消息，立刻表现出浓厚的兴趣，他们愿意制造这种轰炸机。法国的这一举动，使意大利陆军部改变了态度，他们勉强承认了这种轰炸机的军事价值，批准了杜黑的申请报告。1915年8月，意大利终于生产出40架卡普洛尼-300型重型轰炸机。

虽然，意大利陆军部同意制造卡普洛尼-300型重型轰炸机，但是，在航空营工作期间，杜黑与意大利陆军部中的保守势力的对立、冲突却到了无法缓和的地步。陆军部以及航空督察处的强大保守势力无法容忍杜黑的种种想法和做法，想尽一切方法，要将杜黑排挤出军事航空部门。

不久，杜黑被调到米兰师任参谋长，离开了航空营。但他两年的心血没有白费，他卓有成效的工作使意大利的军事航空摆脱了困境，为以后的发展打下了良好的基础。在1914年第一次世界大战爆发时，意大利已拥有飞机 153 架、飞行员 175 名，飞机和飞行员的数量分别居世界第四位和第三位。

蒙受冤屈前后

1914 年，第一次世界大战爆发。位于欧洲战区南部的意大利，其政府并没有急于置身大战的旋涡，而是坐山观虎斗，摆出一副中立的架势，企图在战争的关键时刻再步入战场，以收渔翁之利。因此，到 1915 年 4 月，意大利才根据《伦敦条约》加入协约国；5 月，才对奥匈帝国宣战，正式卷入了第一次世界大战。

意大利卷入了第一次世界大战，作为米兰师参谋长的杜黑便理所当然地走上了第一次世界大战战场。

在战场上，杜黑看到的是什么呢？他看到的是战争双方投入重兵进行残酷的大规模地面厮杀。米兰师是一支山地步兵部队，参加了在伊宗佐河的山地进攻战役。由于意大利军队装备落后，军事素质差，士气低落，军官指挥无能，在作战中伤亡惨重。在伊宗佐河地域对奥匈军队发起的四次进攻行动中，除第一次进攻在 60 英里宽的战线上取得一定的战术胜利外，其余几次进攻均因奥匈帝国军队有较为完善的防御配系，并组织了猛烈的反冲击而一无所获。意大利军队总计伤亡人数高达二十八万余人。对此，杜黑痛心疾首。

1915 年，第一次世界大战转入以阵地战为主，这为展开以轰炸为主要形式的空中作战创造了条件。开始，参战各国航空兵部队主要用于实施航空侦察任务，为制订战略作战计划提供情报。阵地战格局出现后，航空兵部队转为执行战役战术航空侦察，同时，一些国家开始评估轰炸作战的价值。德国首先在西线的奥斯坦德组建了代号为"奥斯坦德信鸽部队"的两个作战联队，这种部队对英国实施轰炸后移师东线，而由德国海军的飞艇部队执行空袭英国的任务，从而拉开了"第一次不列颠之战"的序幕。1917年4月，德国陆军组建了装备性能较好、突击力较强的"戈塔"式轰炸机的第三联队，把轰炸机战斗推向高潮。面对德国飞艇、飞机的狂轰滥炸，简·斯马兹在给英国战时内阁的报告中提出把空中力量作为进行战争新手段的大胆设想。他的建议给英国的报复性轰炸作战赋予了一定的战略含义。1918年4月1日，英国皇家飞行队和皇家海军航空勤务队合并，成立了世界上第一支与陆、海军平等的独立军种——英国皇家空军。

面对战场情况的变化和意大利军队在战场上的一次次失败，作为在前线指挥作战的米兰师参谋长，杜黑目睹着这一切，他的心被深深地刺痛着。他在思索、在反思。他感到，造成这一切的根本原因还是在于意大利军队的作战指导思想和作战方法陈旧。如果不立即改变陈旧的作战指导思想和作战方法，还是照老样子打下去，意大利军队只能在战场上遭受一次次的惨重失败，而不可能取得胜利。

经过苦苦的思考，杜黑向意大利军队统帅部提出了自己的建议。他主张组建一支由500架"卡普洛尼"重型轰炸机组成的航空兵部队，对奥匈帝国实施猛烈的轰炸以取得决定性的胜利。但是，意大利军队统帅部并没有完全采纳杜黑的建议，只不过组建了一支专门执行轰炸任务的AR支队，其作战效果甚差。

杜黑并没有因此而气馁。1916年，他直接写信给意大利军队统帅部，对其作战指挥以及对航空兵部队的错误使用提出了异常严厉的批评，其锋芒直指意大利军队总参谋长和陆军司令，认为他们思想守旧、指挥失误。杜黑的这一举动如同捅了马蜂窝，意大利军队统帅部十分愤怒，他们根本不能容忍这个小小的师参谋长的犯上行为。这一年的9月16日，杜黑不仅被解除米兰师参谋长的职务，而且被送上了军事法庭。更令杜黑没有想到的是，10月14日、15日，意大利军事法庭竟然判定杜黑犯有泄露军事情报罪，判处一年监禁并罚款170里拉。

这一年，杜黑已经47岁了。这突然的打击令他一时无法想通，也没有什么办法可想，只能接受这一强加给他的冤屈。不过，这一打击并没有使杜黑放弃对军事航空的热爱和对空军理论的追求。在监狱里，他还是在反复地思考，感到自己并没有做错什么。于是，他利用一切时间给意大利政府和军队的当权者写信，陈述自己对发展意大利军事航空的意见。同时，还撰写了许多关于空中力量运用的学术论著。1917年，他在狱中完成了一篇题为《大规模空中进攻》的论著，提出了战略轰炸的观点。

1917年10月15日，杜黑痛苦地熬过了一年不自由的日子，终于走出了监狱。就在出狱的前几天，他还给意大利政府内阁写了一封长信，建议组成一支统一的协约国航空兵部队攻击敌人国土。

出狱后的杜黑，并没有因遭受打击而消沉，仍然坚持自己的信念，对意大利军队内的一些错误做法和保守思想毫不妥协，继续坚持斗争。万幸的是，他出狱后不久，就被任命为意大利陆军航空局技术勤务处处长。但是，他很快在发展航空武器等重大问题上，再度与上司产生了严重的意见分歧。

一次次的分歧，一次次的冲突，一次次的打击。这让杜黑深感意大利军队中的保守势力太强大了，在这里根本不可能坦率地表达自己的观点，难以施展抱负。年近半百的他想到这一切，他太苦闷、太痛苦了。

苦闷、痛苦在折磨着杜黑。他不停地在思考出路何在。经过认真的思考，他下定了要离开军队的决心。这一决心对杜黑来说是多么的困难啊！从中学时代，他就立下了从军的志向，他是多么舍不得离开军队，离开军人这个职业啊！但是，现实又逼迫他不得不这样做。1918年6月4日，杜黑毅然辞去了意大利陆军航空局技术勤务处处长的职务，离开了军队。

虽然杜黑离开了意大利军队，但是，他并没有放弃对军事航空的研究和追求，继续密切关注着意大利和整个欧洲的军事航空的发展，更加坚定了创新空军学说的信念。

正在这时，意大利的军事实力和战争潜力经过两年半的战争已被大大削弱。然而，意大利总参谋长卡多纳却不顾自己的实力，在没有充分掩护和适当的作战计划指导的情况下，仍然依靠残忍的军纪强行要求军队在前线实施不间断的突袭。虽然一度也取得过一些并不值得称道的小胜利，但是，奥匈帝国却发现了意大利军队的弱点，他们发现意大利根本不惜血本，玩命拼杀，于是要求德国军队提供帮助。最终，意德两国军队在卡博雷托进行了一场残酷的战役。接受过新的攻击战术的七个德国师首先向疲惫不堪的意大利军队发起了猛烈进攻。由于卡多纳与意大利军队前线指挥官没有作出适当的防御部署，部队又缺乏足够的武器弹药，意大利军队防线很快被德国军队突破。意大利军队一步步退守在台戈里门托河，企图凭借天险抵抗德国军队的进攻。然而，无心恋战的意大利士兵根本没有抵御德国军队进攻的实力与信心，仅仅三天之后台戈里门托河防线再次失守，卡博雷托战役以意大利军队的惨败而告终。

这是意大利军队有史以来遭受到的最大一次失败，军队死亡约四万人，另有六十万人被俘或溃散，失败引起了全国上下的震惊。意大利政府下令调查这次战役失败的原因。调查结果表明，杜黑对意大利统帅部和总参谋部的批评是完全正确的，事实教育了意大利政府和军队统帅部。加之，杜黑在狱中和出狱后，一直不断地向有关部门投送上诉书，要求为他平反。在这种情况下，1920 年 11 月初，意大利军事法庭开庭审议杜黑的上诉。经过认真的调查和审议，意大利军事法庭终于撤销了对杜黑的错误判决，意大利军队统帅部也公开为杜黑平了反，肯定了杜黑为国家利益不惜牺牲个人利益的献身精神。这一宣判无疑对人们理解和接受杜黑的学术思想起到了很大的促进作用，也给了蒙受多年冤屈的杜黑一丝慰藉。

潜心研究制空权理论

冤屈平反几个月后，新上任的意大利军总司令把杜黑重新召回军内，任命他为意大利国防部航空署主任。这可以说是对杜黑蒙受冤屈的一种补偿吧。但杜黑感受到各方面的制约太多，工作难以顺利展开，所以，刚上任五个月即辞去官职，潜心于制空权理论的探索和研究。

在此期间，辞去军队职务的杜黑将自己多年来发表的关于航空问题的文章进行了系统的整理，使其学术思想进一步具体化和系统化，并以《制空权》为名，形成一部著作。1921 年，在意大利陆军司令迪亚斯和陆、海军部的支持下，《制空权》第一次正式出版发行。在这部著作中，杜黑较全面地阐述了关于未来战争、空中战场、制空权、独立空军、航空事业等方面的基本思想，标志着杜黑为之奋斗多年的空军理论终于面世。

或许出于对杜黑理论的赞赏，或许出于对以往错待杜黑的忏悔，意大利陆军部又请杜黑重返陆军并授予他少将军衔，这是杜黑一生中获得的最高军衔。多年苦心研究的成果终于得到了认可，这对杜黑来说是一个莫大的安慰和鼓励。用杜黑自己的话说：这是我长久而艰巨的劳动获得的第一次成功！

第一次世界大战结束后，意大利社会出现严重危机，法西斯政治势力空前活跃。1922年法西斯党上台后，杜黑加入了意大利法西斯党，身为将军的杜黑成为意大利军界中一位著名的政治人物。他支持并参与了意大利法西斯党的活动，卷入了20年代初期的政治旋涡之中。这一年的10月，墨索里尼率法西斯党进军罗马，杜黑作为军方的重要成员直接参加了这一行动。墨索里尼执政后，为了感谢杜黑的支持邀请他参加新政府，担任意大利航空部部长职务。此刻，杜黑的政治生涯达到了顶峰。然而，航空部长一职并没有给杜黑施展抱负带来多大的方便。几个月后，杜黑就厌倦了烦琐枯燥的行政事务，又欣然辞去航空部部长职务，专心从事制空权理论的研究和著述，先后发表了大量著作，不断发展和完善自己的思想。1927年，《制空权》再版。在这一版的序言中，杜黑写道，《制空权》第一版是在陆军部赞助下于1921年出版的。在那以后的年代中，该版阐述的许多思想已经付诸实施。从1921年到1927年的六年中，杜黑在《制空权》第一版中提出的许多思想已经付诸实施，主要是指通过第一次世界大战的实践，空中力量在战争中的重要作用已为更多人所认识，飞机及航空技术也得到较大的发展。在此基础上，杜黑提出的有关发展和运用空中力量的基本主张已被意大利政府和军队接受。《制空权》的第二版中，杜黑除了把第一版的内容作为第一篇，对书中原有的观点作了进一步的阐述外，又增写了第二篇作为第一篇的补充，提出了一些新的观点。

杜黑在生命的最后几年中，把主要精力放在了对制空权理论的研究和著述上。他苦心孤诣，以纸张为舞台，以笔为利剑，为其执着的信念毕尽心力之搏。1928年4月，他发表了《未来战争的可能面貌》一书。1929年11月，他在《航空技术杂志》上发表了《扼要的重述》一文，针对意大利出现的有关军事航空方面的争论，阐述了自己的观点和立场，进一步强调了建立独立空军的重要意义。

1930年2月15日，杜黑走完了他六十一年的人生旅途，在罗马逝世。3月25日，就在他去世的一个月后，意大利《航空技术杂志》刊登了他的绝笔《19××年战争》。这是杜黑按照自己的思想设想的一场未来战争。战争发生在德国与法国、比利时之间，最终以德国的胜利结束。《19××年战争》通过叙事的形式更加形象地反映了杜黑对未来战争的展望和他的思想，并以德国军队的胜利证明自己理论的真理性。

1932年，意大利将杜黑先后撰写的《制空权》《未来战争的可能面貌》《扼要的重述》《19××年战争》这四部著作汇编成一部书，书名仍然为《制空权》。意大洛·巴尔波在这一版的前言中写道，杜黑在军事研究方面的著作是表现意大利人智慧的珍贵文献，有极大的现实意义，无论是在意大利还是在国外正在引起越来越浓厚的兴趣。

1955年意大利出版了杜黑的《制空权》第四版，内容与第三版相同。

杜黑的著作四次在意大利出版，均以第一版的《制空权》定名，充分说明杜黑军事思想的核心是制空权理论。这一崭新的军事理论，打破了几千年来以制陆权、制海权为核心的传统军事理论，科学地预测了未来战争的新特点，预示着人类战争将冲破二维空间的界限，空中将成为具有决定意义的战场，空军将成为与陆、海军并列的独立军种，发展民航和航空工业对国防建设具有极其重要的意义。

《制空权》问世后，它与克劳塞维茨的《战争论》、马汉的《海军对历史的影响》等世界军事著作一样，成为世界军事著作的经典，一直影响到今天。

第 2 章

飞机引起新的战争革命

战争最早是在平面上，主要是在陆地和海洋上进行的。1909年，杜黑首先提出了"空中战场"这一学术概念，并指出，"天空也将成为重要性不次于陆地和海洋的另一个战场"。

当时飞机问世不久，且尚未应用于军事。因此有人讥笑杜黑的理论是"幻想"。但仅仅在两年后的意土战争中，飞机就用于军事，执行了侦察和轰炸任务，使空中战场首次由理论变为现实。其后，杜黑根据第一次世界大战的实践，预见到航空技术高速发展并在军事领域里大规模应用的必然趋势，冲破了传统军事思想的束缚，勾画出了战争形态演变的曲线和崭新战争样式的概貌。他指出，飞机这一新技术成就应用于战争，必将引起战争的革命：必将出现新的武装力量——空军，新的战争领域——空中战场，新的战争样式——空中战争。

坚定的"飞机派"

可以这样说，在世界军事思想史上，杜黑是最早认识到飞机在战争中起着重要作用的一位军事理论大家。飞机诞生才仅仅几年，他便以敏锐的眼光，对飞机的发展潜力有了非常透彻、深刻的认识。他在《制空权》一书中，一开始就探讨了引起战争样式变化的原因，认为任何战争样式的新变化都取决于战争技术手段。有什么样的战争技术手段，就会产生什么样的战争样式，飞机作为一种新的战争技术手段一旦应用于战争，它必然将改变迄今已知的一切战争样式，引起一场新的战争革命。

杜黑之所以能够超过一般人，敏锐地看到飞机这一新的技术手段在战争中的地位和作用，这同他深受历史传统的熏陶有很大的关系。

杜黑生活在一个具有悠久的航空探险传统的国家——意大利，翱翔蓝天曾经是意大利民族几百年来息息不止的追求。人们都知道，达·芬奇是欧洲文艺复兴时期意大利著名的画家，却很少有人知道他还是让意大利感到自豪的一位航空探险的先驱。为了探寻人类飞行的奥秘，他苦苦追寻了一生。他曾利用生物学知识解剖了无数的飞禽，通过研究鸟类飞行原理寻找人类飞行的答案。他甚至大胆地设想，在人身上安装像鸟一样的飞翼来实现人类的飞行梦想。1486年，达·芬奇设计出几种扑翼机，后来还研究过螺旋桨理论。在1490年，他还设计绘制出了垂直起落机。1503年，达·芬奇参观了一次滑翔飞行表演，从中受到启发，设计、绘制了滑翔机的图样。他"希望由此飞行，而赢得永久的光荣"。直到逝世前，他还念念不忘飞行。1680年，意大利另一位著名的航空探索先驱G. A. 博普利撰写了《运动的动物》一文，探讨了人类肌肉与飞行的关系，阐明了人类生理上的局限性，确认"人类靠自己的体力作灵巧的飞行是绝对不可能的"。他的正确论断使人类摆脱了幻想，探索天空的步伐开始由幻想踏入现实，在航空探险史上具有非常重要的意义。

地处南欧的意大利与西欧国家相邻，这些国家早期航空事业的蓬勃发展无疑也使杜黑深受影响。1783年6月4日，法国造纸工人蒙戈尔菲埃兄弟制作的热空气气球升空成功，揭开了航空史上崭新的一页，人类终于实现了飞向天空的理想。不久，意大利和欧洲其他一些国家也成功地进行了气球飞行。气球问世后，人们便开始将它用于军事，在空中侦察、通信联络、校正炮火射击等方面发挥作用。1793年，法国政府设立气球部，专门负责制造、装备和维修气球。1794年4月2日，法国成立了世界上第一个气球侦察分队，并在同年的普法战争中担负军事观察和侦察任务。这支侦察分队在福留拉斯作战中发挥重要作用，法国军队在这次战斗中取得了胜利。1848年至1849年，意大利与奥地利爆发战争，奥地利军队使用了许多气球携带炸弹，但由于风向的影响，行动失败，意大利险些遭受"空中攻击"。美国南北战争期间，南、北双方都使用了侦察气球，北方甚至在华盛顿和气球之间建立了电报通信线，使华盛顿能直接得到侦察报告。1870年至1871年的普法战争中，法国成功地运用了气球。巴黎被围后，与外界的联系全部被切断，朱尔·迪鲁弗驾驶气球从巴黎起飞，飞越围攻巴黎的普鲁士部队，将极其重要的公文急报传递了出去。在战争中，法国一共从巴黎放出66个气球，成功率达到88%，气球保持了巴黎与外界的联系，在运送人员和物资中发挥了非常重要的作用。这一时期，人们看到了气球的军事价值和发展前途，纷纷将气球作为侦察、校射等作战保障的辅助手段，建立气球的专门管理机构和部队。军用气球的运用推动了航空的发展。

1852年，法国人亨利·吉法尔第一次完成了人类动力飞行。他建造了一艘蒸汽机推动的飞艇，驾驶飞艇从巴黎起飞，以大约每小时8公里的速度飞到特拉普斯，航程约28公里。飞艇克服了气球随风飘荡、不能控制方向的缺点，有持续动力，可操纵方向，容易驾驶，这标志着人类征服天空的能力跨越了一大步。飞艇比气球有明显的优点，很快受到军事方面的重视。世界各国纷纷制造、装备各种军用飞艇。1900年，德国人F.齐伯林成功地制造了世界上第一艘硬式飞艇。这种飞艇被应用于商业飞行中，从1910年到第一次世界大战前，安全飞行27万公里，载乘客约3.5万名。在第一次世界大战爆发前，德国、法国、英国、意大利等国都装备有飞艇，成立了飞艇部队。

1849年，英国航空科学家G.凯利制成了一架新的载人滑翔机，该机带着他的马车夫飞了几百米，但由于当时没有足够功率的动力装置，无法实现动力飞行。滑翔机的发展使人类航空向前大大迈进了一步。1891年，德国人O.李林达尔设计并制成一架滑翔机，他试图在滑翔机上安装发动机，实现动力飞行，最后因滑翔机失事而遇难。同年，美国土木工程师O.沙尼特出版了《飞行机的发展》一书，深入探讨了滑翔机的原理、设计，1896年，他在李林达尔双翼滑翔机基础上作了大量改进，成功飞行了几百次，飞行距离达到几百米。

1903年12月17日，世界上第一架用内燃机驱动的飞机诞生了，它被称为"飞行者"号，是由美国自行车技师威尔伯·莱特和奥维尔·莱特兄弟俩研制成功的。这一天，莱特兄弟在北卡罗来纳州的基蒂·霍纳小镇的沙滩上驾驶"飞行者"一号进行试飞。这一次试飞时间虽然只有12秒，高度只有3米，距离只有37米，但是，它标志着世界上第一架用内燃机驱动的飞机的试飞成功。后来莱特兄弟又试飞了几次，第四次试飞了约260米距离，留空时间59秒。1904年至1905年，莱特兄弟又制造出"飞行者"二号和三号,其中,"飞行者"三号已经具备了实用功能。1905年,他们把改良的飞机送到美国联邦政府,却被拒绝接受。因为当时这种飞机非常简陋,人们还看不到它有什么用途。1908年,莱特兄弟的飞机已经能够飞行两个多小时了,威尔伯·莱特在法国巴黎等地进行飞行表演,一下子震惊了整个欧洲。

1906年10月23日,居住在法国的巴西人桑托斯·杜蒙驾驶盒型翼飞机飞行成功。1909年,法国人L.布莱里奥驾驶单翼机首次飞越了英吉利海峡。1909年8月,第一次航空博览会在法国举行,会上展出了38架型号各异的飞机,其中23架还做了飞行表演,最远的飞行距离为180公里,飞行时间超过了三小时,最高时速达到每小时75公里。1910年11月14日,美国人尤金·埃利驾驶一架双翼机从巡洋舰上进行了成功的起飞试验。

从气球到飞艇再到滑翔机直至动力飞机的产生,人类为飞向天空走过了漫长的路程。飞机的诞生立刻引起了一些有识之士的关注。虽然,有些人已经意识到飞机将带来严重的空中威胁,并预见到会出现新的战争样式。1908年,英国作家H.G.韦尔斯写了一本名为《空中战争》的书,他在书中写道:"各国的空中力量将使战争的进行及战争的社会结果发生彻底变革。"他预测,空中战争将成为一种"全面游击战争,一种使所有平民、家庭以及社会生活的一切机构都不可避免地卷入进行的战争"。但这时飞机还没有马上应用于军事作战,人们对飞机在军事上的用途还没有充分认识。在飞机诞生地美国,主管军事航空的陆军通信兵司令詹姆斯·艾伦将军对飞机在军事方面的运用就曾表示怀疑,他认为,"任何一种飞行器的军事用途仅仅是进行观察和侦察""速度快的飞机对投掷爆炸物是不适宜的""越过敌人工事至少要离地4000英尺，在这样的高度上以每小时30英里的速度飞行，即便经过大量练习，投掷的准确性也不会近于距目标半英里"。他认定飞机的作用不会超过飞艇。大名鼎鼎的近代军事思想家、法国元帅福煦在当时飞机的作用问题上也同样缺乏远见。1910年他看到飞机后，竟然得出"飞着玩，用于体育运动可以，但军事上没有使用价值"的结论。正如杜黑所说，当飞机这种新的战争工具开始出现时，人们对它的能力很少认识。许多人抱极端态度，认为在空中是不可能战斗的。

杜黑是一个对新生事物具有浓厚兴趣的人。他既有工程技术知识和军事知识，又深受航空探险历史传统的熏陶，因此，飞机这一新生事物一出现，他就较早地确立了对飞机重要性的正确认识。他认为，飞机将被广泛运用到战争之中，并会开辟未来战争的新领域，必须大力发展飞机和以飞行队为主的军事航空力量。他说，1909年，当最早的飞机还在田野和天空之间蹦蹦跳跳，按今天的标准根本不能叫飞机的时候，我就开始宣传制空权的价值。自那天至今，我尽最大努力引起人们对这一新武器的注意。我争辩说，飞机应当成为陆军和海军的第三位兄弟。我断言，终有一天在一个独立的空军部领导下，会有成千架军用飞机在空中穿梭飞行。

美好的理想确立了杜黑为此奋斗终生的决心。但是，同对任何新生事物的认识一样，当时，在意大利军队内部，对飞行器地位和作用的认识存在着两种不同的观念。一种是"飞艇派"，一种是"飞机派"。"飞艇派"是多数派，特别是在军队高层中有很大的影响。他们认为，不管是哪一种飞行器，它只不过是陆军的"眼睛"，只能完成侦察、校射等作战行动的辅助任务，因而飞艇代表着飞行器的主要发展方向，主张发展飞艇。"飞机派"则是少数派。杜黑是"飞机派"的著名代表人物，他积极宣传飞机在军事上的巨大潜力，并不断地研究，不断地写作，在报纸杂志上发表文章呼吁大力发展飞机，极力主张设立军事航空领导机构，组建一支军事航空部队。

飞机可以"在三度空间中自由飞行"

　　杜黑认为，同其他的战争工具相比，飞机是一种新武器，它可以"在三度空间中自由飞行"。在飞机诞生前的人类数千年的文明史上，人们也进行了数千年的战争。但是，这些战争主要还是在地球表面的陆地和海洋上进行的。正如杜黑所说，只要人类还是被束缚在地球表面上，他的活动就必须适应地球表面所造成的条件。战争是需要军队广泛运动的活动，进行战斗所依托的地形就决定着这一活动的主要特色。这个特色主要表现在两个方面，一方面部队运动需要借助便于运动的道路。进攻一方要通过道路对敌人实施攻击，防御一方就要沿着敌方可能经过的道路设防，阻击对方的进攻。所以，战争受到地球表面形态与道路的极大制约。海水的质地虽然到处都是一样的，但是，舰船的航行也要受到海岸线的影响，也不能自由航行。这样，海上作战也必然或多或少受到制约。另一方面，战场都是有严格范围的，军队和平民之间也有明显区分。地球表面进行的陆地战争都是线式战争，这就是说，地面作战主要表现为作战双方在各自一方构筑一道道战壕，退可守，进可攻。由于整个战场都是由一道道战壕组成，因此被形象地称为"线式"作战。进攻一方只有突破对方的防线，才有可能侵入并占领敌人的领土。由于战争通常都在战线附近进行，双方的火力最远只能到达远程火炮的最大射程，直接参加战争的只限于在战场上作战的人员。虽然战争越来越要求一个国家投入整个国家的人力和物力，但是，战线后方仍然能够平稳地在相对和平的环境中进行社会活动，支持前方作战。

这就是说，在杜黑看来，在飞机诞生以前，战争必然会受到地形等条件的影响，战场只是有限的。而这一状况在飞机出现并投入战争以后，随即发生了变化。飞机在广阔的天空中行动根本不受地形的影响，它在行动和运动方向上享有充分的自由，可以用最短的时间沿任何方便的路线向任何地点进行往返飞行，而人们不能在地球表面做任何事，来干扰在三度空间中自由飞行的飞机。与在地面和海洋进行的战斗相比，在空间进行的战斗所依托的地形是天空。而天空是完全不同于陆地和海洋的，在陆地和海洋上影响战争的一切因素，对于空中的飞机来说是不可能有影响的。同时，在还没有像雷达等现代化的设备、在地面对空中飞机还无法进行监视和跟踪的条件下，地面上对于在广阔天空飞行的飞机，由于不能掌握其具体位置，无论是高射炮还是驱逐机，都不能对其进行有效干预，更不能损坏它。在这种情况下，在空中飞行的飞机更加自由，它可以灵活地选择进攻的路线和方向，而不考虑地形的影响和地面的攻击。因此，飞机给战争带来的影响是巨大的，无论是技术方面还是实用方面，它将会导致地面武器效能的降低，使未来战争的样式发生根本性的变化。对于意大利来说，即使在陆地沿着阿尔卑斯山部署最强大的陆军，在海上部署最强大的海军，也不能有效抵御敌人使用飞机从空中的进攻。

杜黑的这一认识很快在意土战争中得到了检验。1911年，发生了法国与德国为争夺摩洛哥领土的"摩洛哥危机"。9月，意大利乘这次"摩洛哥危机"向土耳其提出派兵进驻土耳其的黎波里塔尼亚的无理要求，直至向土耳其当局发出最后通牒，但遭到土耳其的拒绝，于是两国之间爆发战争。战争从1911年9月29日正式开始，到1912年10月18日在洛桑签订《意土和约》宣告结束。在这次战争中，意大利军队的飞机和飞艇都参加了作战行动，开创了人类历史上使用飞机完成军事任务的先例，创造了人类历史上的几个第一，初次显示了飞机在战争中的作用。

当时，土耳其还没有飞机，意大利也只有约十几架军用飞机，32名飞行员，编为第一飞行连，隶属于意大利陆军。

1911年9月25日，意大利陆军动员9架飞机、11名飞行员组成航空队参战。这9架飞机中有2架为布莱里奥XI型单翼机、2架为"亨利·法尔芒"式双翼机、3架为"纽波特"式单翼机、2架为"鸽"式单翼机。这些飞机装箱后于10月15日海运到的黎波里海湾。10月23日6时19分至7时20分，航空参战队队长皮亚扎上尉驾驶一架布莱里奥XI型单翼飞机飞往的黎波里与阿齐齐亚之间的土耳其阵地上空进行了一小时的侦察，这是人类历史上飞机第一次参战。

两天之后，副队长莫伊佐又驾驶"纽波特"式单翼飞机侦察，发现在艾因扎拉地区有一个很大的阿拉伯兵营。正当他在目标上空盘旋时，遭到地面枪弹的袭击，机翼被三颗来复枪子弹击伤。这是人类历史上飞机第一次遭到地面火力杀伤。11月1日，加沃蒂少尉驾驶"鸽"式单翼飞机在北非塔吉拉绿洲和艾因扎拉地区向敌人阵地投下四枚各重两公斤的"西佩利"式榴弹。这是人类历史上飞机对地面目标的第一次轰炸。结果土耳其指责意大利犯了轰炸医院的罪行。意大利的侵略行径立即遭到了阿拉伯人民的反抗，并进行了顽强的斗争。1912年1月10日，意大利军事当局动用飞机空投了数千张传单，力劝当地的阿拉伯人投降。这是人类历史上第一次用飞机执行空中宣传的任务。2月23日，皮亚扎上尉还利用固定在飞机座椅上的照相机进行了空中照相的尝试。虽然，这种照相机在一次飞行中只能曝光一次，拍摄一张照片，但是，这毕竟是空中照相侦察的开端。5月，意大利军队向战区又增调了一个航空参战队。5月2日，第二航空队队长马连戈上尉第一次进行了30分钟的夜间侦察。其后在6月11日黎明前，他又对土耳其军队营地投掷了数枚炸弹，进行了第一次夜间轰炸。8月25日6时10分，彼得罗曼赞尼少尉驾驶飞机巡逻，因为飞机发生事故坠海丧生，这是人类空中作战历史上最早的机毁人亡事故。9月10日，意大利一名飞行员因故迫降于敌方而被俘，这也是人类空中作战历史上的第一次。

意土战争中，飞机是第一次参战，实战效果虽不大，但却初次显示了飞机应有的巨大威力，展示了未来空中战争的雏形，对意大利以至整个欧洲都产生了极大影响，各国非常重视研究这次战争中空中作战行动的经验教训，进一步改进飞机性能，加紧组织航空队的训练。这次战争之后，飞机在战争中的运用越来越广泛。在1912年至1913年连续爆发的两场巴尔干战争中，参战的一些国家都派飞机参加了作战，作战使用的飞机数量超过了意土战争。希腊使用飞机在塞萨利和伊皮罗斯战线进行侦察活动，其水上飞机还为海军执行了侦察任务，在飞越达达尼尔海峡时，投下了四枚炸弹轰炸海峡内的土耳其舰艇。保加利亚的飞机在土耳其的阿德里安堡上空投撒传单，对被包围的土耳其军队进行心理攻势。保加利亚航空队中的俄国飞行员沙可克驾驶一架双翼机轰炸亚尼纳周围的城堡，配合保军攻占了该城。塞尔维亚飞机在斯库台包围战期间执行侦察任务，一架飞机被炮火击落。土耳其也使用了飞机执行作战任务。通过大量的事实，人们逐渐认识到了飞机在战争中的作用，也充分证明了杜黑思想的正确性。

飞机"是一种出色的进攻性武器"

杜黑是一位积极主张进攻的军事理论家。他认为进攻能够主动计划作战行动，并且能够自由选择攻击点，能集中兵力进行攻击。防御是一种被动的作战，不知道敌方的攻击方向，只能把兵力分散部署在敌人一切可能进攻的方向和地点上，然后，在查明情况后，再及时向遭到攻击的地点转移兵力。

通过考察战争的发展历史，杜黑不同意人们普遍认为的一种观点：火器威力的提高有利于进攻。他认为这是错误的，"真理是：火器的每一个发展和改进都有利于防御"。原因是防御不仅能使武器保存更长的时间，并且使它能处于增强效力的最佳地位。因此，可以理解为，从绝对的意义上说，武器威力越大，有利于它的保存和提高效力的部署的价值就越大。为了保存和提高武器效力，人们沿战线构筑了巨大防御体系。为了证明这一点，杜黑举了一个例子来说明。一个士兵据守在带有铁丝网屏护的堑壕里，而进攻他的敌人将在开阔地上暴露一分钟。假如双方使用的都是每分钟能够发射一发弹药的前膛毛瑟枪，可以确切无疑地肯定，只需要两个士兵，进攻一方就可以到达这个单兵防守的堑壕，因为在攻方两个人通过开阔地时，守方只能使一个人失去战斗力。按照这个推论，如果双方装备的是每分钟能够发射 30 发子弹的来复枪，攻方必须投入 31 人才能够到达守方阵地。由此可见，由于武器火力的增强，要求进攻作战比防御作战有大得多的力量。

杜黑强调，空中力量是最适于进攻作战的。它对敌方的进攻打击来得突然，使敌人没有时间调集援军加以对付。飞机就是这种最适宜进攻的空中武器，完全不适宜防御。他说，飞机由于不受地面障碍约束并具有极大的速度，是一种出色的进攻型武器。为了说明这一道理，他假设说，有一支空中力量，其进攻能力为 X。在它的作战半径范围内对方共有 20 个目标需要保卫。这样，为了保卫自己的 20 个目标免遭空袭，对每个目标必须部署与 X 相当的兵力。假定双方的武器性能相当，那么，防御一方必须投入的飞机总数应是攻方的 20 倍。这样，从防御的角度也可以看出，飞机只适宜进攻，不适宜防御。

杜黑还指出，事实上，在飞机用于民用之前很久就已经广泛用于战争了。第一次世界大战爆发时，处于幼年时期的航空技术已在军事方面显露出重要作用。起初，人们对于航空兵的实际运用只有模糊的认识，对于突然进入战争领域的这种新兵种的特性和能力尚不明确。许多人对它抱着极端态度，认为在空中是不可能战斗的。另一些人只承认它可能是现有战争手段中的一个有用的辅助手段。当时飞机的速度和自由活动能力使它被认为主要是巡逻和侦察的工具，后来逐渐想到用它来为火炮测距。以后，由于它具有越过地面兵器的能力，人们开始用它攻击位于战线上和战线后方的敌人。到了第一次世界大战末期，在一些交战国中开始出现一种观点，认为应当使空中力量担负起独立的进攻任务。杜黑认为，这不仅是可能的，也是明智的。因为飞机这种新的作战工具有着重要的发展潜力，它在行动和方向上享有充分的自由，它可以用最短的时间沿任何方便的路线向任何地点往返飞行，历来影响战争的一些因素对空中活动的飞机都是无能为力的。

杜黑看到的飞机这种进攻性，在第一次世界大战中开始得到了显示。在这次战争中，作战双方大量使用飞机，将战争从平面推向了立体。飞机在战争中的作用更加明显。虽然早在1912年的意土战争中，飞机就已开始运用于作战实践，但是由于缺乏大规模的空中作战实践和成熟的军事理论指导，空中作战方式简单，战术也显得幼稚。各国只是把航空兵作为一支作战支援力量，仅仅是步兵的延伸、陆军的"眼睛"。在第一次世界大战初期，航空兵也还主要用于空中侦察，为制定战略、战役计划提供及时、准确的军事情报。1914年10月5日，法国的一架侦察机在执行任务中，发现了德国第一集团军向马恩河运动。英、法军根据这一情报及时调整了部署，迅速发起著名的马恩河战役，将德国军队攻击至苏瓦松—凡尔登一线，使德国军队的速决战企图破产。马恩河战役是第一次世界大战西线战场的转折点，空中侦察获取的情报成为协约国在这次作战中获得主动的关键。经过马恩河战役，地面部队开始转入阵地对峙。航空兵的战术空中侦察成为极其重要的侦察手段，双方航空兵在空中侦察时遭遇并发生空战。1914年10月5日，法国飞行员约瑟夫·弗朗茨和空中观察员路易·凯诺驾驶加装机枪的"瓦赞"式侦察机，击落了一架执行侦察任务的德国军队飞机。这次战斗揭开了空战的序幕。

战争进入僵持阶段后，为了打破相持的僵局，作战双方力求找出突破阵地防御的方法，对空中作战活动要求不断提高，除航空兵实施空中侦察外，还要求袭击敌军部队和阵地、设施，同时阻止敌航空兵活动。这样，航空兵开始迅速发展，装备得到改进，数量急剧增加，专业分工也越来越细，作战活动日趋活跃。为了获得空中作战的主动权，双方开始有组织地进行争夺制空权的斗争。这时候，空中力量已经不仅仅是地面部队的支援力量，而对一些重大战役的进程、结局产生了非常重要的影响。初期，协约国航空兵的歼击机的战术技术性能和歼击机部队的数量占有较大优势，在香巴尼和阿图瓦秋季战役中，英、法联军航空兵部队占有对德国军队航空兵四至五倍的优势，在争夺制空权的空战中取得了主动权，战役发展顺利。1915年4月19日，德国俘获了法国王牌飞行员罗朗·加罗斯和飞机，为德国工作的荷兰工程师安东尼·福克对这架法国歼击机进行了仿制和改进，制成了专门用于空战的单翼歼击机。这种飞机性能优于协约国歼击机，射击命中率较高。装备了这种新式飞机的德国航空兵在空战中不断取得胜利，协约国的飞机遭到越来越严重的损失，在空战中连连失利。双方空中作战态势的变化直接关系到制空权的得失，对地面作战产生了较大的影响。1916年的凡尔登战役前期，德国军队取得了制空权，地面部队能够不受空中威胁，顺利集结、展开机动，航空侦察、轰炸均能有效地实施，战役进展顺利。而在索姆河战役中，英、法吸取了教训，集中优势兵力夺取了制空权，在战役初期，双方的飞机多达四百余架，英、法在航空兵兵力上占有优势，完全掌握了制空权。制空权的获得使作战的形势有利于协约国，这次战役虽然未能突破德国军队防线，但是牵制了德国军队对凡尔登的进攻。

战争的后期，空中力量有了突破性发展，对战争的影响也越来越大。随着航空装备的改进，航空兵火力支援对于保障地面作战有着直接的影响。早在大战的僵持阶段，为了打击重型火炮射程外的战役战术纵深目标，就已使用航空兵突击对方前沿地带和浅近纵深。到了大战后期，航空兵火力支援已成为空中力量的重要任务和作战的基本保障。航空火力加入作战的火力准备，与地面火炮配合，直接支援地面攻击与反击作战。在后期的所有重大战役和会战中，作战的主要方向和重点地区都集结了大量航空兵。1918年3月，在皮卡迪战役中，德国军队在宽达70公里的进攻地带集结了1000架飞机，在地面战斗主要地域和关键时段，使用航空兵火力扫射敌步兵和炮兵，保障地面部队的顺利推进。第二次马恩河会战发起后，法国以猛烈的航空兵火力突击德国军队作战补给线，迟滞其地面集团的行进，最终赢得了会战的胜利。无论是进攻还是防御，航空兵火力保障已成为作战胜利的必不可少的因素。

在整个战争过程中，飞机的进攻性还体现在对双方国土全纵深的攻击。大战初期，德国就利用飞艇袭击过英国伦敦等地，随着轰炸机作战半径的增大和携弹量的增加，对敌国战略纵深目标特别是首都、经济中心、工业区、交通枢纽的空袭活动也不断增多。德国从1917年开始改用轰炸机对英国实施战略轰炸，采用密集队形、同时投弹的方法，取得了较好的轰炸效果。德国对伦敦的战略轰炸中，共出动飞机435架次，造成伤亡约6200余人，经济损失达300万英镑。德国军队轰炸活动主要在夜间进行，造成了民众心理的高度紧张。1917年9月，德国军队的夜间轰炸使1/3的伦敦居民逃离市区。英国对德国的战略轰炸贯穿战争始终。早期的轰炸因飞机携弹量不大、作战半径小而收效甚微。1917年，英国组建皇家航空队第41联队。次年，又在第41联队的基础上组建了驻法国的皇家独立空军部队，装备先进的重型轰炸机，专门执行战略轰炸任务。6月到11月期间，这支轰炸部队对德国实施昼夜轰炸，共投掷了543吨炸弹，其中220吨投在敌方战场上，其余的全部投向五十余个工业目标。法国在1914年就成立了战略轰炸机部队。从1916年到1918年两年中，法军进行的战略轰炸共投弹1800吨，到1918年2月，法军已有两个昼间轰炸大队、一个夜间轰炸大队和一个独立轰炸大队共计28个中队，对德国后方的工业设施昼夜轰炸。意大利较早就使用了轰炸机进行战略轰炸。1916年2月18日，意军用"卡普洛尼"系统大型轰炸机轰炸了卢布尔雅那，接着又空袭了战线后方的奥军司令部。1917年8月和9月，对奥匈帝国的波拉海军基地进行了空袭。1918年10月22日，意大利派出56架"卡普洛尼"轰炸机和142艘飞艇，对波拉海军基地进行了第一次世界大战中的最后一次大规模空袭。在战争后期，对敌国的战略轰炸已成为航空兵的重要作战任务，过去深藏于纵深腹地的战略目标已经面临空中的直接威胁。

随着空战的展开，杜黑看到利用飞机进攻的方法在作战实践中不断发展。1916年，在凡尔登战役中，德国军队首次集中20架战斗机进行编队空战，迅速压制了法军飞机的活动。1917年下半年，德国和法国都将空战能力强的飞行员抽调出来，组成专门的歼击机部队。随着歼击航空兵队伍的不断扩大，开始了有组织的大规模激烈空战。在大战的后期，空战战术虽然仍是单机空中格斗，但是在一次战役中集中数百架甚至上千架飞机参加进攻作战的行动已不少见。

除了使用歼击机进行空中进攻战外，还采取以轰炸机突击敌机场的方法进攻。英国皇家飞行队领导人休·特伦查德曾于1916年1月14日发出指示："英国飞行队在拥有与德国的'福克'一样好或更好的新机以前，似有必要改变所有使用的战术和策略，为保证侦察或照相巡逻能获得成功，所有的作战飞机都将袭击敌人的重要机场和攻击战斗中出现的任何一架敌机。"在第三次伊普尔战役发起后，英、法军在第二天就派出4个歼击机中队，掩护3个轰炸机中队出动的27架轰炸机，对15个德国军用机场进行突击，虽然效果不大，但在制空作战方法上却是一大改进。1918年5月，协约国轰炸机对亚眠附近的德国军队机场进行突击，取得了使德国陆军航空勤务队第48中队的歼击机几周内无法出动的效果。由于空中作战组织指挥能力和轰炸机性能的限制，在整个大战中，轰炸敌方机场并没有成为夺取制空权的主要方法，常常在夺取制空权斗争中配合歼击机空战行动。因此，空战方法得到很大发展。航空兵对地面攻击的方法也开始出现，主要有航空兵火力支援和战略轰炸两种。

飞机还被大量用于对地面目标的攻击，保障地面作战的顺利开展。1916年的索姆河战役中，英、法联军开始在歼击机的掩护下，使用轰炸机对地面进行直接火力支援，从低空水平轰炸德国军队地面298个目标，投下了1.75万枚、总重量约292吨的炸弹。在此次战役中，英、法联军的歼击机飞行员还用机枪扫射德国军队堑壕和小型目标，打击位于突破口的德国军队预备队，直接协同地面作战。此后，航空火力直接压制地面目标便成为航空兵火力支援的典型方式。德国军队在作战中也常常采用这种方式。1917年4月，在艾勒斯战役中，德国军队飞机扫射堑壕，还专门组织了"作战飞机小队"，执行低空攻击任务。为了发挥航空兵火力压制的作用，德国还设计了一种带装甲的"容克"式飞机。不久，类似性能的飞机在英国和其他国家也出现了。对地直接攻击作战导致了强击机这一机种的诞生。

第一次世界大战前，就已经有人研究战略轰炸问题。大战中，各方都非常重视打击对方战役纵深目标甚至攻击战略腹地。大战初期，德国曾使用飞艇对英国、法国后方的铁路、车站、工厂进行轰炸，但飞艇体积大、速度慢、易损率高，而且投弹的精度非常差，所以效果不大。各国开始重视发展重型轰炸机，轰炸敌方首都及其他重要战略目标。到了大战后期，轰炸机的数量已占航空兵数量的15%，战略轰炸常常昼夜实施。

战略轰炸的直接摧毁效果并不是很大，但却给对方士气民心产生了巨大的震慑作用。

杜黑亲身经历了第一次世界大战。他把第一次世界大战同以前的战争相比较，看到由于出现了一些新的因素，必然使战争发生了一些新的变化。这个新的因素最主要的就是空中武器，即飞机的大量使用。他指出，这种武器的特性与所有武器截然不同，它将完全改变迄今已知的一切战争样式。在《19××年战争》中，杜黑还以叙事的形式形象地阐述了飞机在战争中起着重要作用的思想。他设想的这场未来战争以德国为一方，法国和比利时为另一方。法、比的作战计划主要是依靠强大的陆军集团，空军的任务是辅助陆军抗击敌人地面军队。德国的作战计划是出动全部空军兵力进攻法、比，先夺取制空权，尔后通过战略轰炸迫敌投降。战争爆发当天，德国军队共出动1500架飞机分8个攻击波次空袭法、比。最初受到法、比空军的抗击，损失很大；但在空中作战中，法、比空军的损失更大，其抗击强度也越来越弱。经过半天的作战，德国空军损失一半，而法、比空军损失殆尽。第二天，德国集中剩余的全部空中力量，对法、比实施战略轰炸，法、比政府在德国空军对其政治、经济、军事中心猛烈轰炸的压力下，不得不考虑接受德国的停战条件。杜黑通过设想的这场战争，进一步说明了飞机在战争中的重要作用。

第3章

空中战场是决定性战场

在肯定进行新的战争应以诸军种合成使用为基础的同时，杜黑特别强调"空中战场是决定性战场"，未来战争的"胜负决定于空中"。他说，我曾坚持，并将继续坚持，在未来战争中空中战场是决定性战场。

杜黑的"空中战场"理论，不仅开辟了一个新的战场，而且开创了立体战争理论的先河，奠定了空中战争的理论基础。

天空是一个同等重要的战场

战争总是在一定的空间进行的。随着战争的发展，战争空间也必然随着发生新的变化。战场就是一种空间概念，它是指军队使用一定的武器装备和技术手段进行作战活动的空间。由于战争最早是在平面上，主要是陆地和海洋上进行的，人们对战场的认识，也主要是陆战场和海战场。杜黑第一次提出的"空中战场"这一概念，其含义主要是指以各种航空器为兵器的空中力量进行作战的空间。

人类在发明飞机之前的数千年，曾经进行过无数次的战争，使用的武器从原始的石器、棍棒到机械化的大炮、军舰，这些武器装备的发展都没能使战争离开陆地和海洋，谁能歼灭陆战场和海战场上的敌人，谁就是胜利者。因此，无论是陆战还是海战始终都是平面战争。人们多少年来就向往着征服天空并且从空中打击敌人。从1783年用热气球第一次空中飞行，到1852年制成有动力的载人飞艇，显示了人们征服天空所作出的不懈努力，其中气球和飞艇先后用于军事，但是都没有对战争产生重大影响，战争还是主要局限于平面上的陆战场和海战场。

1903年，美国莱特兄弟设计制造了"飞行者"一号飞机。1906年，欧洲第一架飞机问世。三年后的1909年，虽然飞机还没有用于战争，但此时杜黑已经看到，航空器的发展必将在不远的未来用于战争，天空必将成为与陆战场和海战场一样重要的另一个战场，并提出：从现在开始，我们最好习惯于这种思想，并为将要到来的新战争做好准备，未来我们将有三个而不是两个独立的有明确界限的战场。

在人们还只知道陆战场和海战场的时候，杜黑就看到了空中战场，这不能不说是一个大胆而科学的预见。为此，他提出了以下具体的观点进行论证。

空中战场的出现是不以人们主观意志为转移的客观趋势，是飞机在战争中广泛运用的必然结果。杜黑认为，在飞机没有被运用于战争之前，战争只能在地面或海洋上进行。由于飞机这种新武器的出现，战争的影响范围不再局限于地面大炮的最远射程之内，而将在交战国数百英里的陆地、海洋范围内都能直接感受到。飞机由于不受地面障碍约束并且有极快的速度，是一种出色的进攻武器。这种新武器改变了局势，扩大了进攻的优势，同时缩小了防御的优势，没有什么堡垒能够抗击这种新武器，它能以闪电般的速度对敌人心脏给以致命的打击。因此，他认定"航空为人类开辟了一个新的活动领域——空中领域，结果就必然形成一个新的战场"。

空中战场与陆战场、海战场同等重要。杜黑举例说，人类主要生活在地面上，自然也在这里开始打仗。而人类开始在海上航行时，海战并不仅仅是作为陆战的补充与陆战相配合。自史前年代以来，人们就在海上进行独立的作战。"今天，对于住在地球表面的人类来说，天空比海洋具有更大的重要性。"第一次世界大战中人们还没有这种认识。航空兵被作为配属手段用来协助陆上和海上战斗，当时并没有真正的空中战争。进行的空中战斗和冲突只是局部的、有限的、孤立的，常常是单机活动。人们并不追求空中胜利，只求空中优势。现在情况完全不同了，空中力量的规模将导致大群飞机之间的真正空中战争，而不再仅仅是辅助陆战和海战的配合性的空中活动。因此，在强调陆战场、海战场的同时，一定要充分注意到空中战场的重要。

空中战场将彻底改变战争的面貌。杜黑不仅把空中战场看成同陆战场、海战场同样重要，而且强调空中战场的出现将会彻底改变战争的面貌。他认为，以往的战争无论是陆战还是海战都是在二维空间内进行的，这就是自古至今战争的基本特性。而航空兵的出现改变了以往战争的面貌，战争从平面转变为立体。这就是说，飞机的出现必然导致战争特性发生变化。战争的影响范围不再局限于地面火炮的最远射程之内，而将传播到交战国的陆地、海洋的广大范围。陆上和海上的防御不再能保护国家的后方，陆上、海上的胜利也不能保护本国人民免遭敌方空中攻击，除非这种胜利能占领敌国领土，摧毁它的航空兵部队赖以生存的基础。安全和平静的生活区域不再存在，因为他们都将暴露在敌方空中进攻之下。既然陆地和海洋上方都同样有天空，那么空中战场的发展也将改变陆战和海战的面貌。所有这一切不可避免地会给未来战争的样式带来深刻的变化，战争的主要特性必将与以往任何战争根本不同。不能正确认识和估计空中战场给战争带来的变化将是极端危险的。

空中战场的出现要求树立空中战争观念。杜黑指出，争夺天空将是艰苦的，我们必须研究空中作战思想，指导航空兵器的观念应当和指导陆地和海上兵器的观念一样，也就是要有空中战争观念。作战飞机不能仅仅只执行一些观察、联络等特定任务，而且应能在空中对其他空中武器作战。为此，航空技术面临的实际问题是要使空中航行更安全、更可靠、更经济，且更适于战斗需要。这就必须增大飞行和起飞、降落设施的安全性，必须废弃那些目前在飞机制造中使用会变形和变质的材料，必须增大飞机运载能力和活动半径，必须以较少的燃料增大速度，改善性能。这些方面的改进会使飞机无论平时或战时都能有更大的使用价值。除了解决航空兵器的技术问题外，进行空中战争还要解决空中力量的组织编制、训练、使用等许多问题，这就要求创立前所未有的军事学术——空中作战学术。杜黑预见到，随着飞机的进攻能力不断增强，不久的将来日本可能会从空中进攻美国，反之亦如此。他的这一预见，二十年后竟真的变成了现实，1941年12月7日，日本海军飞机袭击了美国珍珠港海军基地。

根据对空中战场出现的必然性和重要性的分析，杜黑认定，"没有什么理由能阻止他根据推理而得出结论：天空是一个同等重要的战场"。

杜黑提出"空中战场"这一概念时，空中战场对陆海战场的影响还很有限，实际上只是陆战场、海战场向大气空间的延伸，空中作战尚不具备构成相对独立的战场条件。第二次世界大战后，空中力量突击威力有了质的飞跃，空袭、反空袭成为现代局部战争的重要样式，相对独立的空中战场真正形成。现代局部战争史料记载，美军航空弹药投掷量在各种弹药投掷总量中所占比例越来越大，第二次世界大战占 1/4，朝鲜战争占 1/3，越南战争占 1/2，海湾战争占 4/5。在现代局部战争中，空中力量不仅首先使用，而且经常大量使用甚至单独使用，中东战争、黎巴嫩战争、马岛战争，特别是几场外科手术式的空袭如海湾战争、沙漠之狐行动、科索沃战争，都雄辩地说明，空中战场的地位正在迅速上升。现代联合作战最本质的含义和特征，是陆战场、海战场都离不开空中战场的配合，陆战场、海战场、空战场已经融为不可分割的一个整体，战争不再是平面的而是立体的了。杜黑提出的"空中战场"概念及其理论，已经被战争实践所证实，得到了世界军事理论界的公认。

空中战场决定其他战场

杜黑强调战争的胜负主要是由空中战场决定的。陆战场和海战场上都不能先于空中战场决定战争胜负。在战争中，如果在空中战场被打败，那么不管陆战场和海战场上情况如何，将决定性地战败，并且再没有机会在陆战场和海战场上赢得战争的胜利。他说，空中战场之所以是决定性战场，是因为如果我们在空中被击败，这就是说在空中不可能进行有效的反击，那么不管地面和海上情况如何，我们将决定性地战败。

空中进攻的威力是陆地和海上无法相比的。杜黑指出，空中战场居高临下，不受地面的任何阻碍。这就决定了空中进攻的打击力和规模，无论从物质上或精神上来看，要比已知的其他任何一种进攻都更有效得多。空中进攻具有选择目标不受限制的好处。陆上进攻只能对敌人的陆上部队或目标实施；海上进攻只能对敌人的海上军事的或非军事的目标实施；但是空中进攻可对最适合于他的目的之目标实施，可以对敌陆上部队、海上部队、航空兵部队或对敌国本身实施。不管地面上陆军和海军的情况如何，今天飞机能够对敌国领土发动比想象中更强大有力的进攻。航空兵提供了到达敌国最重要中心的手段，可以直接打击敌人的心脏。空中作战是唯一可以独立于其他两种作战之外的，不需要陆上和海上部队的配合就可打击敌国内地的目标。

战争将从空中战场开始。杜黑改变了人们的传统看法，他提出，战争不再是从地面开始，而将从空中开始。他说，战争将从空中开始，甚至在宣战之前，就将进行大规模的空中行动。这是因为，交战双方都想获得突然性的优势，从而在宣战之前，就将进行大规模的空中行动。

空中打击直接影响战争胜负

杜黑认为，国家进行战争的物质基础、军队及民众的战斗决心与抵抗意志，是影响战争胜负的力量重心。两个国家一旦卷入冲突，任何一方除非力量重心全面崩溃，是不会退却或承认失败的。显然，对力量重心的直接打击将有助于加速战争进程并影响战争结局，胜利将属于能粉碎对方在物质和精神上进行抵抗的一方。而航空武器的出现提供了直接打击对方力量重心、粉碎其物质和精神抵抗的手段。因此，他提出从空中打击敌方的物质力量和精神力量可以直接影响战争胜负的理论，进一步说明了空中战场是决定性战场。

杜黑认为，从空中可以对敌国的铁路枢纽、车站、道路交叉口、居民点、军需供应站和其他重要目标进行轰炸，以阻止敌国陆军的动员。同时可以对其海军基地、工厂、油库、锚泊战舰和商用港口进行轰炸，以阻止其海军的有效活动。还可以对最重要的居民中心进行轰炸，以在敌国制造恐慌。这样，就可以迅速摧毁敌国物质上和精神上的抵抗力量。

从空中不仅能对敌国领土任何部分用高爆炸弹实施轰炸，而且能用化学战和细菌战摧毁整个敌国。杜黑这样描述道：从空中攻击一个大城市，对居民的冲击是极为可怕的，几分钟内，几十吨高爆炸弹、燃烧弹、毒气弹将如雨点般落下，先是爆炸，其次是大火，然后毒气飘散在地面上，阻止人们接近被炸的区域。随着时间过去，夜幕降临，火势将蔓延，毒气将瘫痪一切生物，城市生活必将完全中断。如果这事发生在某个重要交通干线的枢纽上，交通将中断。如果第二天又有几十个城市被炸，那么，谁也不可能阻止这些茫然无措、惊恐万状的人们逃往乡村去躲避来自空中的恐怖威胁。对于尚未遭受攻击但同样面临轰炸威胁的其他城市居民，又将会产生什么样的效果呢？在这种威胁下，还有什么民政或军事当局能够维持秩序，市政服务和生产还能照常进行吗？一个国家如果遭到这样一种毁灭性的空中打击，他们的社会结构将很快瓦解。没有一个居民坚强到能长久地承受这种空中进攻。人民自己出于自我生存的本能，为了终止恐怖和痛苦，将会起而要求结束战争。

杜黑还反复强调，对一国的顽强抵抗给予直接的还是间接的打击，两种效果完全不同。直接打击敌人的精神和物质抵抗将迅速决定冲突的结局，从而缩短战争。"直接攻击这种抵抗能更容易、更迅速、更经济又流血较少地做到这一点"。他指出，空中进攻不仅可以直接针对物质抵抗最小的目标，也可以直接针对精神抵抗最小的目标。例如，一个步兵团即使丧失2/3的战斗力，还可能在被毁的堑壕里进行一些抵抗；可是一个工厂的工人在看到一个车间被毁后，即使人员死亡极少，也会迅速瓦解，停止生产。因此，空中进攻的最大成果应当到战场以外去找。从军事效果来看，摧毁一个火车站、面包厂、军事工厂，或扫射一个供应纵队、列车，或战线后方的任何目标，比扫射或轰炸堑壕重要得多。它在破坏斗志、瓦解组织、散布恐怖混乱方面，比冲击有较强抵抗力的地方效果要大得多。

杜黑认为，人类的意志会超越物质之上。一个国家只要它的精神足够坚强，能支持它的反击的意志，它就可以顶住敌人的压力。但是面临无法忍受的情况，精神抵抗力会瓦解，结果将迫使国家去接受危害较小的结局。因此重要的是把这种无法忍受的情况加诸敌人身上，这就是战争的目标。我们甚至可以设想，一旦有人宣布要对某些城市中心实施不分军民的毫不留情的轰炸，这些人口密集的城市的平民会有什么反应呢？

杜黑知道，未来战争的最终结局主要由打击一般平民的斗志来决定。这在有些人看来似乎很难理解，他们不相信打击平民意志可以很快决定未来战争的结局。对此他解释说，上次世界大战已经证明了这一点，在未来战争中将更能得到证明。第一次世界大战的结局看上去只是由军事行动决定的，但实际上，它是由战败国家的人民丧失斗志所决定的。在这次战争中，意志的瓦解是由长期战争消耗造成的。而在未来的战争中，航空兵对平民的直接打击将具有极大的规模，可以在敌人的陆、海军还未受到决定性打击以前，就摧毁敌国民众的抵抗意志，从而结束战争。

总而言之，杜黑认为，一个拥有充分空中力量的国家能够摧毁敌人物质上和精神上的抵抗，因为敌人的物质和精神抵抗要靠进攻来摧毁，而进攻能用空中力量来实施。空中力量可以直接打击敌人的心脏，通过对敌国最重要而又最脆弱的中心进行无限制的轰炸，使敌国人民处于无法忍受的生活条件之下，就可以摧毁敌国人民的抵抗意志，迫使他们乞求和平，从而可以很快结束战争。就是说，不论其他情况如何，仅空中进攻就能使这个国家取胜。这是他提出空中战场是未来战争中的决定性战场的主要论据。由此他得出了这样的结论：未来战争的胜负，将由空中力量的行动直接造成，这就是过去战争和未来战争的区别。因此他要求，空中进攻的目标必须是在尽可能短的时间内使敌人在物质上和精神上遭受最大可能的破坏。为使敌人屈服，必须将他们置于不能忍受的境地。要做到这一点，最好的办法是直接攻击敌方城市无防御的居民和大工业中心。他强调指出，这将是结束战争的最迅速最经济的方法。双方都只需要流最少的血和损失最少的财富，因为敌人的崩溃更多是由于精神上的压力，而不是其他。这就是杜黑空中战争论的主要内容，也是被后人概括为"空军制胜论"的基本含义。

高技术条件下的局部战争是交战国动员军事、政治、经济各方面力量进行的战争。战争的军事政治目的，就是摧毁敌方的力量，瓦解敌方的士气，使其就范。现代空军不仅可以消灭战场上的军队，而且可以消灭敌战略纵深的预备队和摧毁生产设施、战争物资、运输系统，瓦解敌国的士气和民心，就像杜黑所说能"摧毁一国人民的物质和精神力量"。这对破坏敌方实施战争的整体力量和机制来说，不是扬汤止沸，而是釜底抽薪，是具有致命意义的打击。20世纪末发生的科索沃战争就是典型的例证。北约投入1100多架作战飞机，对南联盟持续轰炸

78天，投射导弹、炸弹2.3万多枚，摧毁南联盟军队的地面重型武器的30%，作战飞机和防空导弹的50%，军工生产设施的大部，炼油设施的全部，交通运输线和指挥系统严重受损，战争潜力遭到极大破坏，最后迫使南联盟接受北约的停战条件。这是一场依靠空中力量直接打赢的战争，完全印证了杜黑的预言。

杜黑的这些思想在后来的战争实践中得到了应用并经受住了检验。1935年，意大利侵略阿比西尼亚的战争，欧洲的军事家们曾预言需要六年，但意大利军队根据杜黑理论使用了空军，仅用了一年。意大利空军大将卡特在论及这一战争时说，空军运用了杜黑的原则，才获得了光荣的胜利。

第二次世界大战英国和美国联合对德国进行战略轰炸，按当时的美国陆军航空兵司令阿诺德所说，是以杜黑的思想为基础而形成的。前后五年共出动飞机144万架次，投弹270万吨，目的是逐步地打击与摧毁德国的军事、工业与经济系统，并瓦解德国人民的士气，使其武装抵抗的能力遭到致命的削弱。战略轰炸使德国经济崩溃，民心、意志基本瓦解。正如美国的调查指出：1944年年初3/4的德国人认为战争已败。轰炸对于降低敌方士气和民心，业已成功。

但是，杜黑提出的空中战场是决定性战场的思想，在当时还是受到不少人的反对，并很快引起了人们的激烈争论。正如他自己所说，关于这个问题的争论，至今还是热火朝天的。不过，他又说，他的反对者虽然还在就这个问题与他进行激烈的争论，但令他感到满意的是，他们已经全部被迫承认空中战场在未来可能是决定性战场，尽管他们为此附加了种种条件。当时反对杜黑这一观点的主要是巴斯蒂科将军、博拉蒂将军、阿塔尔工程师、菲奥拉万佐上校等人，特别是博拉蒂将军和菲奥拉万佐上校提出的反对理由，主要是认为空中战场为决定性战场的前提，应当是空军能击败敌人。杜黑引用了这一观点来驳斥反对者。他说，这个论点读起来让人感到有些"此地无银三百两"的意味。因为空中战场是决定性战场，是由空军的性质决定的，是由空中战争的性质决定的，也是由空中战场的性质决定的，而并不是由空军能否击败敌人决定的。这与陆地战场是决定性战场是由陆军、陆地战争和陆地战场性质决定的，而不是由陆军能否击败敌人决定的一样。因为"空军能够击败敌人"中的所谓敌人，无非是另外一支独立空军。而从某种意义上说，只有空军才能够击败空军。一个国家的空军击败了另外一个国家的空军，对于胜利国来说，空中战场是决定性战场；如果结果相反，那么对于另外一个国家来说，空中战场也是决定性战场。不管怎么说，两支空军作战，总会有一方胜利另一方失败。不管谁胜利，空中战场都是决定性战场。所以，杜黑说，承认了这些，我的反对者们已经明明白白地投降了。当他们采取这样的立场，说是只要空中行动能击败敌人，空中战场就成为决定性战场，他们就完全同意了我的观点。否则他们的论点就会是荒谬的，就好像是说，当空中战场是决定性的时候，它就是决定性的。当然杜黑并不是空中战场的绝对主义者，正如他所解释的：当我说，空中战场将是决定性之时，并不意味着为了胜利，我们必须把空中战场变成决定性战场。

现代战争的理论和实践证明，杜黑提出的空中战场将先于其他战场取得决定性胜利的观点是能够成立的。高技术条件下的局部战争，不仅往往从空中开始打起，而且空战对战争的胜负起着决定性的作用。因此，在未来战争中，不开辟空中战场或在空中战场中作战不力，就无法赢得战争的胜利。

第 4 章

掌握制空权就是胜利

"掌握制空权就是胜利;没有制空权,就注定要失败。"这是杜黑的一句名言,表明了他对制空权重要性的认识。

"制空权"这一概念并不是杜黑的发明。在杜黑之前,这一概念已经提了出来。19 世纪末,当航空还处于气球和飞艇的时代,英国陆军少校军官富勒尔顿就提出了"制空权"的概念,并预测说:未来战争可能由空中开始,制空权将可能是陆上和空中作战的重要前提。1908 年,即飞机发明后的第五年,英国人兰彻斯特撰文论述了制空权对国家安全的重要性。1916 年,兰彻斯特又出版了《战争中的飞机》一书,主张建立一支机群以保持制空权。1917 年,美国空军奠基人米切尔主张用驱逐机夺取制空权。同年,英国空军奠基人斯穆茨在给该国首相的报告中,也专门强调了制空权的重要性。

杜黑的重要贡献就在于他首先建立起系统的制空权理论。因此,他虽不是"制空权"概念的最先提出者,却是制空权理论的创立者。早在 1909 年,杜黑在《航空问题》一文中就提出,今天我们充分意识到掌握制海权的重要,但不久制空权将变得同等重要。在《制空权》一书中,他对制空权理论作了进一步的论述。制空权理论，可以说是杜黑整个理论的核心。他第一次从战略高度来认识制空权，并对于什么是制空权、掌握制空权的重要意义以及怎样夺取制空权等问题进行了全面的论述，从而使"夺得制空权就是胜利"这一论断深入人心。

制空权就是飞行的自由权

"制空权"这一概念虽然不是杜黑最先提出来的，但他最先给制空权下了一个比较科学的定义。1921年杜黑给制空权所下的定义是："掌握制空权表示一种态势，能够阻止敌人飞行，同时能保持自己飞行。"1926年他又补充说："所谓制空权是指这样一种态势，即我们自己能在敌人面前飞行而敌人则不能这样做。"

打开《制空权》一书，可以看到杜黑多次提及制空权的定义。归纳他各种说法，在杜黑看来，制空权就是指对天空的一种控制状态，这种控制状态无非包含这么两层含义：第一是剥夺了敌人的飞行自由；第二是能保证自己的飞行自由。

可以看出，杜黑对制空权所下的定义，是对掌握制空权一种直观形象的描述，而不是通常学术著作中经常使用的抽象理性的定义。杜黑对制空权的定义无非是告诉人们，在广阔的天空中只能有自己一方的飞机飞行，而敌方的飞机不能飞行。这就是说，自己一方绝对地控制了天空的飞行权。

美国著名学者和战略问题专家布罗迪曾说，制空权完全是杜黑根据过去制海权的意义而确定的一个名词。但是杜黑因军舰和飞机有着明显的不同而无法使这两个概念通过内容上的某些变动而统一起来。杜黑自己也曾强调，就是要像控制海洋一样控制天空。然而，杜黑的定义毕竟还是基本上反映了制空权的本质。正因为如此，此后几十年各国对制空权的定义和解释的实质内容，基本上没有超出杜黑的这一定义。例如，苏联军队在1936年的条令中提出，"制空权"是指敌空军的整个部署已完全被打乱，敌空中力量已被消灭，而我空军却有完全的行动自由的一种状况。美国军队在1941年条令中指出："制空权"就是必须将敌人的航空部队消灭掉，或者压制住，使之不能出动。不难看出，后来对"制空权"概念的定义都受杜黑的影响，没有完全超出杜黑作出的解释。

必须剥夺敌人的飞行自由。这就要剥夺敌人使用其飞机的能力。能不能做到这一点呢？杜黑认为，这种可能性是存在的。因为敌人的飞机可以被击毁，或用飞机在空中击毁它，或由空中攻击其集结、维修、生产场所将它们击毁于地面上。这种击毁敌人飞机的行动，反过来将引起敌方的报复性反行动，这就必然引起双方交战。交战的结局终将一胜一负，取胜的一方，即有能力对着敌人飞行并可以伤害它，而失败的一方却被剥夺了进行同样行动的能力，取胜的一方就掌握了制空权。这样，杜黑不仅提出了什么是制空权，而且表明了取得制空权是有实际可能性的。

必须保证自己的飞行自由。剥夺敌人飞行自由的目的，就是为了保证自己的飞行自由。两者相互联系在一起，没有剥夺敌人的飞行自由，就不可能有自己的飞行自由。

在理解"制空权"概念时，杜黑针对当时有人提出的空中优势这一概念，还提出要正确区分"制空权"与"空中优势"或"高度空中优势"的不同。提出空中优势概念的人认为，在一场双方力量基本对等的战争中，战争的某一方对天空的绝对控制是不可能的，只能夺取空中优势，即经过努力使自己的空中力量处于比对方更加自由的地位，能够较为顺利地进行作战行动。杜黑在叙述这种观点时说，最近有些人提出了相对制空权概念，即局限于天空一定范围的制空权。他并不同意这种看法。他说，这是又一次将优势与控制相混淆，其概念是错误的。在杜黑看来，"制空权"指的"不是高度空中优势或航空兵器的优势"，不能同"空中优势"或"高度空中优势"混为一谈。这两种概念有着完全不同的意思，代表着两种完全不同的事情。空中优势或高度空中优势是夺取制空权的基础，谁具有空中优势或高度空中优势，谁就能够比较容易夺得制空权，但在他夺得制空权之前，他并不掌握也不能运用制空权，仅仅是有着空中力量上的优势而已。因此，有了空中优势或高度空中优势并不意味着就有了制空权，没有空中优势或高度空中优势也不意味着不能掌握制空权。他举例说，在第一次世界大战末期，人们通常认为意大利已经拥有制空权，其实拥有的只不过是空中优势，意大利甚至没想到要利用这种优势去夺得制空权。因而，尽管意大利有了空中优势，却没有制空权，敌方仍继续进攻意大利直到停战之日。因此，有较强的空中力量并不意味着控制了天空，如果你只满足于作为较强的一方，只满足于有了空中优势或高度空中优势，而不去争取制空权，就不能避免让较弱的对手仍有可能伤害你。

杜黑区分"空中优势"与"制空权"两个概念的联系和不同，目的在于强调空中优势只不过为制空权提供了一种可能，而不是一种现实。只有把这种可能变为现实，这种空中优势才是制空权。因此，在他看来，这种区分并不是单纯的咬文嚼字，而是有一定意义的。后来他在另一部著作中谈到，他不是对制空权这个词有特殊的偏爱，也不反对用一个更动听的名词来代替。只要这些词的含义一致，也可以用"空中优势"或

"空中霸权"这类词代替"制空权"一词。

杜黑所说的制空权就是一种绝对制空权，也就是要保证自己飞行的绝对自由。在第一次世界大战中，随着航空兵的广泛运用，作战双方开始有意识地夺取战场上空的控制权，初步显现了制空权的作用，引起了人们更加广泛的关注。杜黑的制空权理论提出后，人们围绕这一理论和实践又进一步展开了讨论，有人提出了空中相对制空权概念，即从广泛意义上讲，制空权在所控制的空间、时间和程度上都只是相对的，即使拥有强大的空中力量和对空作战力量而掌握了制空权的一方，也不能绝对限制敌航空兵和对空防御力量的活动，完全避免遭受敌航空兵的袭击与对空防御力量的打击。这就是制空权的相对性的特点。这种相对性主要表现在：一是对空间控制的相对性，即对空中战场的控制可能只是对其一部分的控制，而不是对全部战场空间的控制；二是对控制权掌握时间的控制，即可能只是在战争的某一阶段控制了空中战场，而不是从始至终掌握着制空权；三是制空权控制程度的相对性，即对制空权掌握的程度是不稳定的，时紧时松，不可能是始终如一的。制空权的相对性程度，随空中力量与对空防御力量的能力、交战双方力量对比、战场环境制约程度等不同而不同。一般来说，空中力量的作战效益越低，空中作战对战争全局的影响越小，制空权的相对性程度就越大；交战双方空中力量对比差越小，战场环境条件对作战行动的制约越大，制空权的相对性程度也越大。

杜黑并不承认制空权的相对性。在他看来，制空权只能是绝对的，即要把天空控制到"能阻止敌人飞行，同时保持自己飞行"的状态。

当然，他也认识到，在现实战争中，要全部彻底摧毁敌人的所有飞行器几乎是不可能做到的。但是，只要能把敌人的飞机减少到微不足道的数量，使其不能再对整个战争采取任何真正重要的空中行动，或者说使敌人处于无法进行任何有意义的空中活动的境地，这种绝对的制空权就可以获得了。这如同即使敌人还有几条船，一支舰队也可以说已经夺得了制海权一样。他也不得不承认，"我不得不信誓旦旦地说，我所指的制空权绝不是扩大到这样的范围，甚至连敌人的一只苍蝇也不准飞。而是说使敌人处于无法进行任何有意义的空中活动的境地"。在杜黑看来，敌人的一只苍蝇在空中飞来飞去，并不能起什么作用。所以，他不主张相对制空权的提法，认为航空兵的速度和活动范围很大，不允许将天空分成小块，局限于天空一定范围的制空权的概念是错误的。控制天空就意味着主宰天空，因而也不容许有任何程度上的差别。他还举例说，正好像陆军在粉碎敌人的抵抗之后可以自由地入侵敌国领土，占领其重要城市，掠夺其财富一样；又好像海军在击沉敌舰之后可以在海上自由地游弋，阻断敌之交通一样；空军在摧毁敌航空兵之后可在空中向任何方向自由地飞翔，自由地要投掷什么就投掷什么，要在何地投掷就在何地投掷——这就是制空权。

由此可见，杜黑提出的"制空权"概念主要有这样几个含义：一是指能保证自己在空中自由飞行而敌人不能这样做的态势；二是这种态势的出现不是幻想，制空权是可以夺得的；三是有了空中优势还不等于有了制空权；四是制空权是绝对的，而不是相对的。

应该说，杜黑主张的绝对制空权，这仅是一种理论上的假设，所表达的只是一种理想的制空权。这种制空权通常只能在敌人完全没有空中力量，也没有对空防御力量，或者由于力量弱小根本不能使用等特殊情况下存在，在敌对双方都有相对均等空中力量的情况下是不可能的。事实上，在杜黑去世后九年发生的第二次世界大战就证明了空中优势与相对制空权概念的客观存在。在这次大战中，战争双方谁也无力夺取杜黑所说的带有绝对意义的制空权，只能争夺空中优势或相对制空权。同时，面对涉及全球的战场，谁也没有能力夺取所有战区的全面制空权。甚至连欧洲战区、亚洲太平洋战区、非洲战区等大的战区上空，也被分割成不同的战略区域而反复争夺，天空最终还是被割成"小块块"了。再从高技术条件下局部战争来看，也只是存在相对制空权。例如，发生在1991年的海湾战争中的多国部队和发生在2003年的伊拉克战争中的英美联军，虽然都具有很强的空中力量，但也只能掌握相对的制空权，在伊拉克军队的高射炮和地空导弹的火力范围内，其飞机也不能自由飞行。这就是说，在现实战争中，即使敌对双方空中力量悬殊，或者一方突然袭击得手，给对方空中力量以致命的打击，其一方也只能夺取一定时间和一定空域在一定程度上的制空权，即相对的制空权，绝对制空权是很难实现的。

夺得制空权=胜利

杜黑在明确了什么是制空权的基础上，极力强调制空权在战争中的重要性。他说："掌握制空权就是胜利。没有制空权，就注定要失败，并接受战胜者愿意强加的任何条件。这一论断的正确性对我来说已成为一条公理。"但是，对于这样一条公理，在当时并没有完全被人们所接受。为了让人们接受这一条公理，杜黑进行了充分的论述。

杜黑认为，掌握制空权即使还不能确保战争的胜利，但却是夺取战争胜利的必要条件。因为制空权的这种态势为掌握它的一方提供优势。首先，只有掌握制空权，才能利用空中观察的好处，能清楚地看到目标；其次，掌握制空权能防护一国领土领海不受敌人空中进攻，因为敌人已经无力发动进攻，因此，它保护了国家物质和精神的抵抗力不受敌人直接可怕的攻击，即完全保护了本国；其三，掌握制空权使敌人领土暴露在我方空中进攻之下，这种进攻极易进行，因为敌人已不能在空中活动。掌握制空权能使进攻力量大于人们所想象的威力，它能对敌人的抵抗给以直接可怕的打击，能对敌国内地进行毁灭性的轰炸，从而使敌人丧失赢得战争胜利的机会；其四，掌握制空权能完全保护本国陆、海军基地和交通线，而对敌国陆、海军基地和交通线造成威胁；其五，掌握制空权能阻止敌人从空中支援其陆、海军，同时保证对我方的陆、海军给予空中支援，保护本国的陆、海军顺利作战；其六，掌握制空权能阻止敌人重建空中力量，因为它能破坏物质资源和制造场所。同时还可以根据愿望增强自己的空中力量。

总之，在杜黑看来，掌握制空权就能最终控制天空，从而对战争的结局将有决定性的影响。试想，如果一个国家的上空完全被控制，那就必然要忍受敌人对己方领土进行的空中进攻而不能进行有效的反击。随着敌人进攻性空中力量的增强，这种进攻也将加强。在这种情况下，己方的陆、海军对这种进攻也会无能为力。它领土上所有最重要的地点和最要害的目标也将遭受残酷而可怕的攻击。且不说物质损失，对于这样处于持久恐怖中的国家及其感到无能为力的军队，在精神上将产生多大的影响！因此，如果一个国家处于这样一种劣势地位并将开始丧失获得有利战争结局的信心，这不就是失败的开始吗？所以杜黑说，在战争中赢得制空权的一方将享有决定性的优势，制空权永远是战争胜利的必要条件。

杜黑把制空权能带来的优势概括为这样几个方面：

第一，它防护一国领土不受敌人空中进攻，因为敌人已经无力发动进攻。因此，它保护了国家物质和精神的抵抗力不受敌人直接可怕的攻击。

第二，它使敌人领土暴露在我方空中进攻之下，这种进攻十分容易进行，因为敌人已不能在空中活动。它能对敌人的抵抗力量实施直接可怕的打击。

第三，它能完全保护本国陆、海军基地和交通线，而威胁敌人的这些基地和交通线。

第四，它阻止敌人从空中支援其陆、海军，同时保证对我方的陆、海军给予支援。

掌握制空权不仅能提供优势，而且还能以足够的空中进攻实力，粉碎敌人物质和精神的抵抗，保证战争的胜利。杜黑认为，如果夺得制空权者，能够继续成功地运用空中进攻，彻底破坏了对方进行战争的物质力量和士气，那么制空权就将直接导致决定战争的胜负。这种情况如果可以用等式表示的话，那就是：**夺得制空权=胜利**。

杜黑也谈到，如果空军的实力不足，或空中进攻没有达到上述目的，则战争将由陆、海军部队决胜。即使在这种情况下，制空权仍然对决定战争胜负有重大帮助，因为陆、海军有了制空权，完成任务将大为容易。而他认为通常的情况是，夺取了制空权之后，陆、海军主要用来执行防御性任务，空军则用来向敌人进攻，摧毁敌人的工业、战争机器，瓦解敌人的作战意志，最后赢得战争的胜利。

根据以上两方面的推理，杜黑得出结论：只要能够赢得夺取制空权的斗争，并能运用足够的力量利用这种制空权，不论其他情况如何，它是保证胜利的最好方法。任何人都无法拒绝承认这一论断的正确性，即制空权是赢得战争胜利的必要的和充分的条件。

杜黑还根据意大利的地理条件，强调控制自己的天空是保障意大利安全必不可少的条件。因为从意大利的地理和政治地位来看，其全部领土领海都暴露在假想的敌人面前。北部的阿尔卑斯山是防守意大利的大门，地形复杂，道路稀少，但这不能阻止敌人的空中进攻，而意大利狭窄的国土对从敌方海岸发动的空中攻击也提供不了多少防护。他假设说，如果我国可能的敌人之一取得了制空权，将其航空兵部队派往我国，破坏我国的物质力量和精神力量，那么部署在阿尔卑斯山的强大的意大利陆军及获得周围海域制海权的强大的海军又有什么用呢？他们将一事无成。他们会英勇善战，但他们身后的国家正蒙受苦难，他们的基地和交通线都不能确保安全。为什么我们不努力去保持制空权，使我们的国家、陆军和海军处境更好一些呢？如果认真地考虑这一切，就不会怀疑，对于意大利来说，制空权更是赢得胜利的必要的和充分的条件。

杜黑提出制空权理论以后曾引起很大的争论。但是经过争论，人们逐渐认识到了这一问题的重要性。杜黑在生前曾高兴地说，即便我的思想尚未被完全接受，我看到，那些思想所引起的长时间的争论中还没有一个论点能使我对我的关于当代战争的严重性的言论的价值和正确性产生任何怀疑，因而使我感到十分满意。

杜黑提出的掌握制空权就是胜利的思想，在后来爆发的第二次世界大战中得到了活生生的验证。战争初期，在欧洲战场，德国空军以突然袭击的方式接连打垮了波兰、西欧诸国和苏联的空中力量，一举夺取了制空权，保证其"闪击"战略取得了成功。在太平洋战场，日本空中力量通过对珍珠港突袭和对东南亚盟军空中力量的轰炸，也夺取了制空权，保障其陆、海军不到三个月就占领了东南亚和西太平洋。战争中后期，盟国迅速增强自身的空中力量，逐步夺回了制空权，才最终把战争推向德国腹地，并使日军迅速败退。中途岛、珊瑚海和莱特湾等重大海战，明显反映出制海权对制空权的依赖性，数十艘航空母舰、战列舰和巡洋舰毁于航空兵的炸弹和鱼雷而不是舰炮火力。

战争实践证明，**夺得制空权＝胜利**是战争中的一条铁律。听听后人是怎样说的吧：

德国空军参谋长科勒在论述德国战败的教训时说："一切取决于制空权，其他都是第二位的。制海权只不过是制空权的附属物。"

英国空军元帅特德在总结"二战"经验时说："空中优势是赢得一切海上、陆上和空中作战胜利的先决条件。"

苏联空军中将巴扎诺夫说："夺取制空权是伟大卫国战争中取得根本转折，进而取得完全胜利的最重要的前提之一。"

日本航空自卫队的乡田充说："在陆地、海上和空中的任何战场上，要获得作战的胜利，夺取空中优势是必不可少的重要条件，这是第二次世界大战中最主要的经验教训。"

在现代战争特别是高技术局部战争中，杜黑的**夺得制空权＝胜利**的论断又得到进一步证明。如第三次中东战争，阿以双方兵力对比是 3.7∶1，坦克是 2∶1，飞机是 2.5∶1，以色列处于劣势。但以方采取突然袭击，开战后首先打垮了阿方空中力量，一举夺得了制空权。阿方地面军队失去了空中掩护，在以军空地联合攻击之下，损失惨重，只好屈服。举世公认，以色列由于夺取了制空权才取得了这场战争的胜利。20 世纪 80 年代以来发生的高技术局部战争都清楚地说明，没有制空权就没有制陆权和制海权，制空权已在更大的程度上决定着战争的胜负。

夺得制空权＝胜利，杜黑的这一命题日益被当今世界军事界所认同。难怪杜黑在当年要不断地大声疾呼："无论如何，让我们控制自己的天空吧！"

靠空军去夺取制空权

杜黑根据"掌握制空权就是胜利"这一条公理进一步作出了两个推论，一个是：一旦发生战争，为了保证国防安全，必要和充分的条件是能夺得制空权。第二个是：为了保卫国防，一个国家所做的一切都应为着一个目标，即在一旦发生战争时用最有效的手段夺取制空权。他还指出，如果从空中战争的角度说，真正的空中战争，也就意味着为夺取制空权而斗争。

那么，在杜黑看来，怎样才能夺取制空权呢？靠谁去夺得制空权？换句话说，依靠什么力量才能夺取制空权？对这样的问题，杜黑回答得很清楚："依靠一支强大的空军。"

杜黑认为，为了夺取制空权，使敌人处于不能自由飞行的状态而保持自己自由的飞行能力，就必须使敌人丧失一切飞行器，这只有通过摧毁它的飞行器而自己至少仍能保持一部分完整无损的飞行器来实现。他说，为了征服天空，必须剥夺敌人的一切飞行器。敌人的飞行器可以在空中，或在它的集中地、作战基地、维修中心、生产中心等地找到，一句话，在能找到这些飞行器的任何地方打击它。这种打击只能在空中或在敌国内地完成，只能通过空中进攻来进行，因而只能由航空武器而不能由陆上和海上武器来完成。而能进行空战和对地面轰炸的正是空军，只有空军才能在空中或在敌国地面摧毁敌人的飞行器，陆上或海上力量没有任何办法能对这种破坏予以合作或配合，因此被派去完成这一使命的只能是空军，不应当也不可能在任何方面依靠陆、海军。所以他得出结论：制空权除了依靠一支强大的空军外是无法夺取的。

制空权只能依靠强大的空军去夺取。但是，杜黑强调，这并不是说，空军的行动不应与陆军和海军的行动协同，也不是说空军在任何情况下永远也不应当与陆、海军直接合作，而应在特定的作战行动中予以协助，正如陆、海军相互合作一样。空军在夺得制空权后，其一切行动必然将指向地面，甚至暂时为陆军或海军指挥官服务，但这已不能被归为夺取制空权的作战行动，因而不能由此否认，争夺和掌握制空权就是空军应当承担的空中作战的独特目标。

杜黑指出，空军的主要战略目标就是夺取制空权。他多次说，我一直主张空军的根本目的是首先摧毁敌方空军以夺取制空权。这似乎永远是独立空军的首要目的。在历史上，杜黑第一个提出了"空军战略"的概念，并规定了空军战略的具体内容，成为"空军战略之父"。他认为，战争目标的选择、分区的划定、决定突击的先后顺序，是空军战略要解决的主要问题。而其中战争目标的选择主要取决于寻求的目的：是为了夺取制空权，还是为了瘫痪敌陆、海军，或是为了动摇战线后方平民的斗志。这种选择要根据当时的情况，考虑一个国家的军事、政治、社会、心理等许多方面。但是，不管怎样选择，空军的主要战略目标就是夺取制空权，而不是别的。当然，杜黑也不否认，假如敌方空中力量十分弱小，那么用大力去对付这样一个不重要的目标就是浪费时间。可以改用其他进攻行动，首先打击更为重要的目标，使敌人受到更大损害。不过在通常情况下，"空军的主要任务，是消灭敌人一切空战工具，争取制空权"。

杜黑提出依靠一支强大的空军去夺取制空权的思想，可以说是他根据当时的战争实践和对战争发展的预见所得出的论断。第一次世界大战期间，夺取制空权的基本力量就是战术航空兵。而到了第二次世界大战时，参与夺取制空权的已有了其他军兵种。德国军队在实施"闪击战"时，空军对一线机场实施突然袭击后，坦克和机械化兵团紧接着向机场所在地区高速推进，以便为己方飞机赢得基地。日军在太平洋战争初期，是以航空兵突击和登陆占领相结合的方式来夺取和保持制空权的。美军在越岛进攻作战中，陆军和海军为夺取空军所需要的基地作出了很大的努力。如果没有它们对瓜达卡纳尔岛、马里亚群岛、硫磺岛等重要基地的占领，美军也就无法取得太平洋上的制空权。在"二战"中人们虽然开始注意到其他军兵种在夺取制空权中的作用，但从实际情况看，夺取制空权的力量构成并没有发生实质性的变化，兵力主要是航空兵，兵器主要是飞机，空军仍然是夺取并保持制空权的主要力量。

第二次世界大战以后，特别是近一二十年来，随着军事技术装备的迅猛发展，夺取制空权的空中力量构成日趋多样化，以导弹为主体的现代对空防御系统已成为争夺制空权力量构成中的重要因素，如今夺取制空权已需要有关各军兵种的共同努力。这当然是杜黑当年无法预料到的。然而，不管是当前还是未来，主要依靠空军，通过空中战场夺取制空权则仍是没有疑义的。这也是当今各国把夺取制空权定为空军的首要和基本任务的道理所在。

摧毁"鸟蛋"和"鸟巢"

空军是夺取制空权的主要力量，那么，空军又怎样去夺取制空权呢？杜黑认为，夺取制空权主要是要剥夺敌人的一切飞行器，这种剥夺只能在空中或在敌国内地完成。因此，夺取制空权最主要的有两种基本方法：一种方法是在空中与敌人空军交战，以摧毁敌人的一切飞行器；另一种方法就是摧毁敌人停放在地面上的飞机和空军基地。两种方法相比，他不主张前一种方法，而主张后一种方法。认为后一种方法是主要的，它能起到彻底夺取制空权的作用。

杜黑主张的后一种方法就是摧毁"鸟蛋"和"鸟巢"的方法。为了说明这一点，他举了一个通俗的例子。他说，我可以打个比方，要想消灭鸟类，仅仅射下飞行中的全部鸟是不够的，还剩有鸟蛋和鸟巢。"最有效的办法是有计划地摧毁鸟蛋和鸟巢"，因为严格地讲，没有一种鸟能持续在空中飞行而不降落。更好的办法是摧毁它的机场、供应基地和生产中心。空中的飞机可逃避，但是，正如蛋和巢被毁的鸟一样，外出的飞机返航时将找不到可以降落的基地。所以，"与打下空中飞行的鸟相比，用摧毁地面上的巢和蛋的方法摧毁敌方空中力量更容易奏效"。这种从根本上摧毁敌人飞行器的方法，是夺取制空权的最有效的方法。

杜黑把摧毁敌人停放在地面上的飞机和空军基地，即摧毁"鸟蛋"和"鸟巢"作为夺取制空权的最有效的方法。因此，他进一步提出夺取制空权只能靠空中进攻。因为制空权是通过消灭敌人的空中力量而取得的，空中进攻的目的就是为了更有效地消灭敌人的空中力量。具体说，就是力争把敌方的飞机消灭在机场上和工厂里。他认为，每当己方空军直接攻击敌人地面的这些目标时，无论如何都能削弱其空中潜力。将敌人空中潜力削减到微不足道时，即夺得了制空权。这只要较多地破坏敌人在地面上的飞机，就能迅速实现。

杜黑主张，不论是较强的空军，还是较弱的空军，为了夺取制空权都要采取积极的行动，即进攻行动。具有较强战斗力的空军，将以较大的空中自由来选择最佳的敌地面目标进行攻击；战斗力较弱的空军面对较强的空军，在对它的地面目标进行攻击时，必须首先考虑保存自己，这就应避免与较强空军的无益空战，而去摧毁它的最有用的地面目标。这就是说，无论是较强的空军，还是较弱的空军，它们的行动应该是相同的，就是要寻找机会对地面目标进行积极的进攻。假定较弱的空军在行动中避免了与较强空军的空中战斗保存了自己，这时双方空军的每一行动都将是对敌地面目标的进攻。如果对地面进攻的目的是摧毁地面的航空兵部队、航空工业中心及类似的目标，则这种进攻必将影响对方的空中潜力，从而必将影响到制空权的归属。能把造成的破坏积累到足以消灭对方空中潜力的那支空军将夺得制空权。可见较强的空军尚需选择最能有效地削弱敌人空中潜力的地面目标攻击，那么较弱的空军就更有理由这样做了。

由此杜黑得出结论，空中战争的结局取决于敌对双方的力量，但更取决于如何使用这些力量。空中作战不应采取守势，只能采取攻势。两支空军交战，较强一方既不应寻求当然也不必避开空战，而较弱一方应努力避开空战。一旦行动开始，双方都应不间断地并以最大强度的进攻行动，力求打击敌人最重要的地面目标。一支较弱的空军有可能打败一支较强的空军，条件是在它对地面目标的进攻行动中，表现得更加机智、更加迅速和更加勇猛。如此就可弥补力量上的差距。

杜黑为什么如此强调空中进攻在夺取制空权中的作用？这是因为，在他看来，空中进攻的最大优势是能自由选择攻击目标，并能主动地集中优势兵力，突然地给敌人以猛烈打击，这样就能最大限度地摧毁敌人的空中力量，从而夺取制空权。而处于防御地位的一方由于不知道攻击方向，不得不把空中力量分散在整个防线的许多地域，只能陷入被动。进攻就能取得主动，防御只能陷于被动。

杜黑的这一思想在第二次世界大战和战后的局部战争中得到广泛的运用，参战国在使用空中力量夺取制空权时，普遍采用了空中进攻的方法，通过突袭敌机场及指挥系统，将大量的航空兵器消灭在地面，以较小的代价取得较大的战果，在短时间内夺取大范围的制空权。第二次世界大战中，德国在开始进攻法国时，首先同时突袭了其72个机场；"闪击"苏联时同时突袭了其66个机场，将800架飞机消灭在地面上，均一举夺取了制空权。苏联空军曾经进行过15次空中战役，其中9次是突袭敌方机场的空中进攻战役。据其统计，通过空战消灭一架德国军队的飞机平均需要出动约30架次，而突袭机场消灭一架德机只需出动5架次左右，作战效果是空战的6倍。1956年，英国、法国、以色列侵略埃及，1967年以色列侵略阿拉伯诸国，1991年海湾战争中多国部队与伊拉克作战，都是在战争开始时，进攻一方对对方的空军基地实施空中突袭或对空军基地与防空系统同时实施空中突袭，在较短的时间内夺得了制空权。

杜黑还认为，作为夺取制空权主要力量的空军，其特性就是长于进攻。他指出，飞机由于不受地面障碍的约束并具有极大的速度，是一种出色的进攻性武器。因而空军是一个富于进攻性的军种，它生来就是一支进攻性力量，具有突出的进攻特性，它能以惊人的速度向任何方向打击陆地或海上的敌方目标，并能突破敌方任何空中抗击；空军的威力在于进攻，进攻行动是最适合于空中力量的行动。因此，夺取制空权只能靠空中进攻。并且，只有通过空中进攻来夺取制空权，才能充分发挥飞机的独特性能。

航空兵器的不断发展和在战争中的实际运用，完全证明了杜黑的这一论断。空中力量攻防武器系统的作用和地位正在进一步发生变化，空中力量在运用中攻强守弱的不平衡性更加突出，用于进攻作战较之用于防御作战占据了更大的主动和优势，因而通过进攻作战制敌于地面夺取制空权，更能取得事半功倍的效果。正因如此，当今许多国家军队都比过去更加强调发挥航空兵的进攻性特长，把"进攻"作为空中力量运用的主导思想。如美国空军认为，"航空航天部队的特性使之成为进攻的理想手段"，"航空航天部队的全部力量可以通过进攻得到充分发挥"。一些中小国家的军队也主张"空中力量的基本战略应当是进攻"。基于这种指导思想，许多国家在注重发展航空兵进攻作战理论的同时，普遍加强空中进攻力量建设，把军费投资重点用于发展进攻性空中力量，单纯的截击机逐渐被能攻能守的战斗轰炸机所取代，增强了整体对地攻击能力。

杜黑主张以空中进攻方式摧毁敌人的飞机场和空军基地，即摧毁"鸟蛋"和"鸟巢"，并把这种方法作为夺取制空权最有效的方法。他认为通过空战一般是无法夺取制空权的。他多次说过，依靠航空兵在空中搜索和摧毁敌人的飞机只能是劳而无功，即便不完全是无用的，也是效果最差的办法，是一种直接的或间接的失败。他作了在两种不同情况下的推论。一种是：如果有一支空军想在空中寻找对方，而对方却设法避开它直接飞向选定的地面目标进行攻击。这时在空中搜索也可能找到敌机,但更大的可能是找不到而浪费了自己的时间和空中力量,对方这时正好对其地面目标进行不受阻碍的攻击。这样,一方将成功地完成任务,另一方则错过机会而失败。另一种是:如果一支较弱的空军不想被较强的一方在空中发现,它可暂时留在地面,避免空中战斗。结果求战的一方到处飞来飞去,筋疲力尽也找不到目的物,只能空手而回。这实际是受制于较弱的一方。正是通过这两种推论,杜黑得出结论,除非较强一方运气好,在空中遇到较弱一方,只有这种偶然的情况下才会由空战导致夺得制空权。

杜黑否认空战在夺取制空权中的作用,这是由当时的航空技术装备状况所决定的。他并没有估计到随着科学技术的发展,使得在空中找到敌人飞机成为可能。他提出空战中的优势来自火力、机动和速度,这是正确的;但他过于看重火力,而轻视速度。他把火力看作空战中决定胜利的因素,而把速度视为只是用来抓住敌人的因素。由此他得出结论,"一架较慢而带有重型武器的飞机,能用自己的武器打开通路,永远能战胜较快的驱逐机"。这自然要导致轻视空战。战争实践表明,空中交战在夺取制空权的斗争中亦有其重要作用。然而我们更应当看到,即使是在现代战争中,随着导弹和空降兵的发展,夺取制空权的方法更加多样化,但杜黑主张的制敌于地面乃是夺取制空权的最有效的方法。

第 5 章

独立空军是绝对重要的

提起军队中的军种,现在人人都知道有陆军、海军和空军。但是,在历史上,空军作为和陆军、海军一样成为一个独立的军种,却不是那么容易的。杜黑则是第一个提出建立独立空军的军事理论大家。

杜黑把空军作为夺取制空权的最主要的力量。但是,这样的空军不是隶属于陆军和海军的空军,而是一支独立于陆军和海军之外的独立空军。只有这样的空军才能承担起夺取制空权的战略任务。他说:"能夺取制空权的空军按其本性在建制上是自立的,在作战上是独立于陆海军之外的。"又说:"能夺取制空权的空中力量将使用一个词:独立空军。"

空军是新战场上作战的独立实体

在杜黑生活的那个年代,空军是一个新生事物。杜黑为这一新生事物的成长作出了不懈的努力,并为建立独立空军费尽了毕生的精力。

早在 1909 年,杜黑就萌发了创建空军的思想,他大声疾呼："应把空军看作战争大家族中的第三位兄弟"，并预测空军将是决定性的军种。但是，由于意大利军队中的保守势力十分强大，他们根本没有看到空军在未来战争中的作用，对杜黑提出的建议根本不当一回事，当时意大利连一支作战航空兵都没有。在这种情况下，杜黑只好将自己的想法作了一些必要的变通，以便让意大利军事当局更易于接受。正因为如此，1921年，在《制空权》第一版中，他作了必要的让步。这种让步主要表现在，在主张建立空军的同时，仍然认为可以保留陆军和海军配属的航空兵。他这样做是比较明智的。他当时的主要目的并不是让别人接受他所有的观点，因为在当时的社会环境下做不到。他要达到的目的是为人们"接受和执行一个最低计划开辟一块场地，以便为未来的进展提供一个起点"。

1915年，杜黑开始向意大利政府提出建立国家独立空军的建议。但是，他的建议并没有被采纳。1927年乘《制空权》再版的机会，杜黑新增写了"第二篇"，在这一篇中，杜黑提出了以前迫于形势而没有敢说的观点。他明确提出了"独立空军"这一概念，并进行了较为详细的论述。

杜黑提出"独立空军"这一概念，其基本含义又是什么呢？他是这样解释的：独立空军是组成能够夺得制空权的空中力量的所有航空兵器的总体，或者说，是一个足以进行空中作战夺得制空权的飞行器集群。他特别强调，独立空军一词，不是指能进行任何军事行动的任何空中力量，而是指能够夺得制空权的一支空中力量。其使命是在独立于传统陆上和海上战场的全新的空中战场执行夺取制空权的任务。他还提出，为了夺得制空权，必须摧毁敌人的一切飞行器，因此，组织和使用独立空军必须以实现这种摧毁为目的。为此，他主张"必须创立领导空军的机关"，"即建立空军部"，"独立空军的组织应是有建制的和有后勤保障的"。

可以看出，杜黑提出的"独立空军"概念，明确说明了空军应该是一个与陆军、海军一样的独立军种，它有自己独立的作战目的、作战任务、领导机关、编制体制、后勤保障等。这种"完全独立于陆、海军之外的独立空军"，是新战场上作战的独立实体。

杜黑强调，建立"独立空军是绝对重要的"。对此，他进行了充分的论述。

从大的方面来说，一个国家的国防需要建立独立空军。杜黑指出，除非拥有一支在战争中能夺得制空权的空军，否则充分的国防不可能得到保证。所以，一个国家即使除了自卫以外没有其他目的，也必须拥有一支能对陆地和海洋发动强大攻击的独立空军。因此，他对长期以来把空军作为协助陆军和海军作战的做法表示强烈的不满。他这样说道，飞机的唯一军事用途是协助陆军、海军部队作战，为此，它们被置于陆军、海军指挥之下，成为陆军和海军的配属。陆军、海军希望拥有配属航空手段协助自己作战，这当然是很自然的。但是这种能协助两个军种各自作战活动的航空兵器，只不过是陆军、海军的延伸，它们不可能构成一支真正的空军。只有建立一支独立空军，才能真正成为将在一个新的战场——空中战场上作战的独立实体。而在空中战场上，陆军、海军都是不能参与的。

夺取制空权需要建立一支独立的空军。杜黑指出，能够夺得制空权的空中力量，即独立空军，是保证胜利的适当手段，只要它能以充分力量夺得制空权，则不问其他情况如何都能保证胜利。为了夺得制空权，必须破坏敌人一切航空兵器，或在空战中，或在其基地或机场，或在它的生产中心，简而言之，在能找到它和生产它的一切地点。而无论陆军或海军都无助于进行这种破坏工作。这种情况的自然结果就是：能夺得制空权的空军按其本性在建制上是自立的，在作战上是独立于陆、海军之外的。

独立空军能够单独完成战争使命。杜黑在肯定了陆军和海军可以单独用自己的手段完成作战使命后指出，陆、海军都可以拥有空中手段以协助完成各自的陆、海军作战任务。但并不排除这种可能性、现实性甚至必要性，即有一支空军能够单独用它，靠自己的手段完成战争使命，完全不必有陆、海军参与。

为了能够担负起真正的空中作战。杜黑指出，把空中力量仅仅作为陆、海军的辅助手段，一旦战争发生就不会有真正的空中作战。自然，会有一些大小规模的空中战斗，但都从属于陆上或海上作战。在出现真正的空中作战之前，必须首先创建一些基本要素，如飞机、人员，组成自主的战斗实体，并锻炼成为一个有效的战斗组织，这就是独立空军。要改变飞机的军事用途只是协助陆、海军部队作战的现状，要成立一支独立的空军，才能满足形势的真正需要。

为了最大限度地集中空中力量。杜黑认为，陆地、海洋和其上面的天空是一个不可分割的整体，在这个整体空间内活动的航空兵是不能从属于陆、海军的，因为这种从属必将强制分散独立空军的力量，使它无法真正完成夺取制空权和在夺取制空权后有力量摧毁敌人物质和精神上抵抗的任务。一支组织良好、决心夺取制空权的独立空军能够较为容易地达到目的，而分属陆、海军的配属航空兵面对决心征服天空的敌独立空军，将会显得无能为力。任何行动和资源如果脱离夺取制空权这一主要目标而被分散，都会使夺取制空权的可能性降低，使战败的可能性增加。

杜黑在充分论述了建立独立空军的必要性和重要性的基础上，极力反对把航空兵隶属于陆、海军之下，主张取消配属航空兵。他认为，考虑到夺得制空权以后，没有什么能阻止从独立空军派出飞机去执行配属任务，那么我们必然合乎逻辑地得出结论，即隶属于陆、海军的配属航空兵是"无用的、多余的和有害的"。所谓无用的，是因为没有制空权，配属航空兵就无法进行支援陆、海军的活动；所谓多余的，是因为如果夺得了制空权，独立空军完全可以执行配属航空兵的支援陆、海军作战的任务，这样，配属航空兵就是多余的了；所谓有害的，是因为专门组建的配属航空兵分散了实现最重要的目标的力量，保持配属航空兵将被迫减少己方独立空军的兵力，结果就容易被敌人打败，就会看到己方的配属航空兵被摧毁，就不能给己方陆军和海军任何帮助。

为了说明上述观点，杜黑举例加以论证。他设想国力资源和技术水准完全相同的 A，B 两个国家，奉行了完全不同的建军方针。A 国集中全部航空资源建立了一支独立空军，B 国则把其航空资源分为两部分，分别建立了独立空军和配属航空兵。显而易见，在战争中，A 国空军比 B 国空军强大，将赢得制空权。然后，A 国空军可以分配一部分兵力执行配属航空兵的任务，而 B 国的配属航空兵因为没有制空权而没有办法使用。这样，A 国首先在空中战争中赢得胜利。

在杜黑生活的时期，配属航空兵是空中力量的唯一组织形式，如果不提出让人信服的理由，在空中作战资源有限的条件下，是不可能取消配属航空兵的，因而也就根本无法建立一支强大的独立空军。在第一次世界大战中，各国军队还只有运用配属航空兵的实践，空中力量的建设与运用还处于初期，人们只看到了配属航空兵是一支新兴的空中力量，并改变了战争的面貌。在这种情况下，大多数人对于取消配属航空兵、组建独立空军的重要性还没有完全清醒的认识。

为了说明配属航空兵是无用、多余、有害的理由，杜黑根据配属航空兵的使命是为陆军和海军提供特定服务并严格限定这一目的提出两个推论：第一推论：配属航空兵不是用于夺取制空权的。也就是说，它完全不能影响夺取制空权斗争的结局。第二推论：既然夺取制空权就是使敌人陷入不能再飞行的地位，失败的一方也就被剥夺了使用配属航空兵的可能。换句话说，使用配属航空兵的可能性取决于夺取制空权的结局，而对这一结局，配属航空兵完全不能施加任何影响。

从上述两个推论，杜黑得出结论说，分给航空兵的航空兵器是脱离了最重要目的的兵器，如果这个目的不能实现，也就毫无价值。

既然如此，那又为什么会首先建立了配属航空兵，而却迟迟不能建立独立空军呢？杜黑认为，原因主要有两个方面。一方面是客观的。由于在第一次世界大战时，航空兵还处于幼年时期，作战能力较弱，而军队被传统势力统治着，对于飞机的价值和建立独立空军缺乏必要的认识；另一方面是主观的。人们对于飞机在战争中的作用有个由表及里、由浅入深的认识过程。他形象地说，世界大战中飞机全部作为配属使用，这是真的。由于从高空容易看清和投下物体，人们接受了侦察和轰炸；由于需要防御它所造成的损害，人们接受了驱逐机。战争中全部航空活动仅在于此，没有再进一步。在整个战争中，敌对双方的空中力量相互侦察、轰炸、驱逐。夺得空中优势的一方比劣势一方进行更多的侦察、轰炸、驱逐。航空兵死死地束缚于地面军队，离不开它，其活动也只限于在战场上为这些军队直接服务。

事实充分证明了杜黑的上述分析。在第一次世界大战期间，世界共生产了18.19万架飞机，投入作战的飞机约10万架。主要参战国的航空兵部队分别配属于陆军和海军。航空兵部队从战争初期的执行空中侦察、通信、校正火炮弹着点等战场勤务，发展到执行轰炸后方城市等目标，突击战场上的工事、掩体、火炮、人员等小型目标，通过空战争夺战场空中优势等作战任务。但是，航空兵的作战活动主要集中于直接支援陆军和海军作战。在战争后期的马恩河会战中，协约国曾经集中了1100架飞机，德国集中了800架飞机，双方展开了争夺战场上制空权的激烈战斗，以更好地支援地面陆军作战。相对于支援地面部队作战，航空兵虽然也对敌人后方进行了战略轰炸，但规模和力度都要小得多，以德国对英国进行的空袭为例，一次空袭的最大规模也仅仅集中了40余架飞机。就是说，在第一次世界大战中，航空兵虽然有了很大的发展，但是，它还是主要配属于陆军和海军。

杜黑还认为，随着战争从陆地和海洋发展到天空，由平面发展到立体，陆军和海军的相对价值与空军力量的价值比较起来，已大见减弱。空军必将成为优于陆军和海军的一个独立军种。这是因为陆军和海军的活动半径受限制，相比之下空军的活动半径要大得多。空军的出现并没有改变战争的目的，只是改变了战争的形式和特点，使得更容易采取行动以对付敌国抵抗力。陆上和海上部队只能间接地对付敌国抵抗力，而空军可以直接地对付它，因而也就更有效。一个失去制空权的国家会遭受巨大的精神折磨，因此不待陆战海战情况如何就会被迫呼吁停战。他举例说，要是敌人在烧你的房顶，拆你的墙，向屋里的家人施放毒气，那么你站在屋门前还是屋门后抵抗也就无所谓了。如果你站在空中呢，那情况就大不一样了。这就告诉人们，陆、海军和空军相比，其重要性正在逐渐下降。

杜黑为了强调独立空军是非常重要的，不仅认为陆军和海军在战争中的重要性正在逐渐下降，而且还采取了贬低配属航空兵的态度。他说，一个组织良好、决心夺取制空权的敌人将野心勃勃，而我方分属陆、海军的配属航空兵面对决心征服天空的敌独立空军将会何等无能为力。他的这一偏激观点，招致很多人的反对。不难看出，在这点上他确实把问题绝对化了。现代战争的实践证明，配属航空兵——无论是海军航空兵还是陆军航空兵，都是独立空军无法完全替代的，在现代战争中也起着极其重要的作用。正因为如此，各大国海军至今都配有海军航空兵，陆军航空兵也正在局部战争中以不断扩大的规模迅速崛起。但同时我们更应当看到，这些国家无不具有一支独立空军。

空军应与陆军和海军是平等兄弟

杜黑不仅认为建立一支完全独立于陆、海军之外的独立空军是绝对重要的，而且进一步强调，这支独立空军必须"与陆、海军并立"，它是一个与陆、海军平行，并协同活动的独立于它们的实体。航空兵不是注定充当促进和加强陆军、海军行动的辅助角色，它将成为一个与陆军和海军平起平坐的，同等重要的军种——第三军种。

首先，由于夺取制空权就是胜利，因而夺取制空权和独立进行空中战争都是战略性任务。而夺取制空权的斗争和独立空中战争只能通过在空中或在敌人国土上的斗争完成，这就决定了它只能由航空兵而不是陆、海军来完成。既然只有航空兵才能完成这样的战略性任务，那么这样的航空兵必然是一支战略力量，它不仅不应再隶属于陆、海军，而且应成为与陆、海军平等的独立军种。

其次，既然一支空军能够单独使用它自己的手段完成战争使命，那么，空军合乎逻辑地应被赋予和陆、海军同等的重要性，它与陆、海军的关系就像陆、海军之间的关系一样。因此，陆军和海军不应把飞机看作仅是一种用途有限的、在一定环境中使用的辅助力量，他们更应把飞机看作陆军和海军的第三位兄弟，虽然是年轻的小弟弟，但重要性并不比它们两位差。

再次，尽管航空兵发源于陆、海军，但它现在已经成熟了，航空兵已长大成人，它了解自己在未来战争中的作用，知道自己的力量和目的，它已经可以接受并完成空中作战的任务，正像它陆上和海上的兄弟军种完成在陆上和海上作战的任务一样。而且杜黑认为，事实上，由于航空兵的特性，对战争有用的任何事情它几乎都可以做。它能快速在高空飞翔，把地上的东西看得清清楚楚；它可用于各种侦察勤务，战略的或战术的，远的和近的，地形侦察和照相侦察，炮火引导和控制，观察和联络，传递命令和情报，以及其他种种凡是为了看得清和走得快的战争工具能做到的一切可以想象的勤务。所有这一切，它都可以承担。因此，航空兵应当得到解放，这支独立航空兵的组织和职能应摆脱外来的控制，并需要创立一个称职的机构来监督它今后的成长，这个机构还应当创立军事学术的第三分支——空中作战理论，以引导航空兵的健康成长。

由此，杜黑坚信，他提出的建立与陆、海军平起平坐的独立空军的主张，是无论如何注定要付诸实行的。终有一天在一个独立的空军部领导下，会有成千架军用飞机在空中穿梭飞行。虽然现在战争总是在相同编成的双方陆、海军之间进行的，但历史的发展会表明，未来的冲突将在编成相同的双方陆、海、空军之间进行，独立空军最终将清楚地显示它绝不低于陆、海军的价值。

怎样才能把空军逐步发展成为与陆、海军平起平坐的独立空军呢？杜黑提出的基本设想是，在给空军以应有重视的基础上，在过渡期间可以采取下述起码的方案：逐步削减陆、海军部队，同时相应增强空军部队，直至空军增强到足以夺取制空权为止。他说，只要我们坚定不移地推行这一方案，就会越来越接近"平起平坐"的实际。具体说，第一步准备应是将轰炸航空兵和驱逐航空兵由陆、海军中分离出来，建立第一个独立的"核心、种子"。不论采取什么形式，在不太久的将来它将发展成为独立空军，它的强弱将根据拥有的兵器而定。但由于它是独立的，需要在广阔范围内活动，它的兵器应由一个单独的预算予以提供，独立空军必须有它自己的预算，而且这个预算在陆、海、空三军总预算中必须是一个合理的比例。

杜黑大胆地预言，第一个拥有真正的与陆、海军平起平坐的独立空军的国家，至少在其他国家仿效它之前，必将处于优势的军事地位。因为它将拥有一种威力巨大的进攻手段，而其他国家依靠的仅仅是辅助航空手段。为了建立各国之间的军事平衡，其他国家无疑将会效法它的榜样。

实际情况正如杜黑所说，继英国 1918 年第一个建立了与陆、海军地位平等的独立空军——皇家空军之后，独立空军的思想很快为许多国家所接受，建立独立空军的潮流势不可当。第一次世界大战末期至 20 世纪 30 年代，许多大国先后建立了独立空军，如苏联 1918 年，意大利 1923 年，加拿大 1924 年，法国 1934 年，德国 1935 年，都纷纷建立了独立空军。后来意大利政府也在成立航空部的基础上，成立了独立空军。空军终于获得了与它的兄弟军种陆军和海军并列的、同等的地位。陆、海、空军三个部在政府首脑下联合起来，设立了总参谋长之职。杜黑高兴地评价道，这对于空军，无疑是迈开了最重要的一步。

至今世界上已有一百四十多个国家建立了空军，大都是总参谋部统一指挥下的陆、海、空三军并立的。在有空军的国家中，拥有二百架以上作战飞机的国家就有三十多个。有的国家虽小，也建立了装备几十架、上百架飞机的空军。世界独立空军从无到有、从少到多的发展历程，无疑是从国防建设的角度对建立独立空军思想的充分肯定。实践已经证明，杜黑顺应军事斗争客观发展的需要，提出建立独立空军并使三军鼎立的主张，对促进战争样式的革命，对航空兵的发展及其在战争中日益发挥的重要作用，都有着积极的意义。

独立空军必须具有足够力量

在杜黑的整个理论体系中，"空中作战"是使用最多的一个概念。他在定义这一概念时说，为了能成功地摧毁敌人的航空兵器，必须克服敌人为阻止这种摧毁而设置的种种障碍。这时将发生真正的空中作战直至其有最终结局。事实上，谁夺得了制空权，就将面对一个不能飞行的敌人。对于一个丧失了航空兵器的敌人，就不会有空中作战。一支独立空军在夺得制空权后，其一切行动必然将指向地面。这些行动在决定战争结局上将起到巨大的、也许是决定性的作用，但它绝不能被归为空中作战行动。因此，争夺和掌握制空权就是独立空军应当承担的空中作战的独特目标。从这里可以看出,杜黑所谓的"空中作战"概念,其含义是专指在争夺制空权的作战中,空袭一方同空中防御一方在空中进行的激烈对抗。这是一种狭义的"空中作战"概念,即作战兵力、作战战场、作战行动、作战结果都发生在空中的作战。

作为独立空军怎样才能完成这样的空中作战呢?因此,杜黑并不满足于提出建立独立空军并使陆、海、空三军具有平等的地位,他还提出独立空军必须具有足够力量的思想。这是因为,空中作战是未来战争中最重要的因素,而争夺制空权的斗争将是艰苦的,因而制空权的夺取必须依赖一支强大的空军。随着独立空军的重要性日益增长,文明国家将努力采取最有效的手段来进行这种斗争。如果其他条件相等,任何冲突最终结局将决定于数量。因此,为了争夺这种空中优势,航空兵队伍将越来越大。

独立空军怎样才算"具有足够力量"呢?杜黑认为,独立空军要保证在战争中取得胜利,成为夺取制空权的一个最重要因素,必须满足两个条件:第一个条件是最重要的,即必须具有能够夺取制空权的实力;第二个条件是必需的,即在夺得制空权后仍能保持实力,必须能够利用夺得的制空权,有力量摧毁敌人在物质和精神上的抵抗。一支能够满足最重要的和必需的条件的独立空军,才能够决定战争结局。

杜黑强调作为独立空军必须具有的两个条件,即具有夺取制空权的实力和利用夺得的制空权、摧毁敌人在物质和精神上进行抵抗的能力,是一支强大的独立空军在任何时候都要具备的。即使在平时没有作战任务的情况下,也要具备这种实力和能力,以保证作战任务一到来就能立即出动,而不能指望临到要决定空中斗争胜负时再得到加强,那样临阵磨枪是来不及的。

那么，怎样才能保证独立空军具有确保国防的足够实力和能力呢？杜黑主要从两个方面提出了自己的看法。

一方面，要增加空军的军费，不能使空军成为军队大家庭中的一个"灰姑娘"。杜黑认为，战争的胜利固然依赖于陆、海、空三军的相互协调，但鉴于航空兵力量在战争中的作用不断升值，而当时航空兵又没有足够的力量去执行使命，因此，既要按正确比例将国家资源分配给陆、海、空三军，使在战争全局中负有特殊使命的独立空军像陆军和海军那样具有足够的物质力量去执行使命，又要从整体效益原理出发加速发展后起的空军。他指出，不能把空军军费置于陆、海军军费之后的"余数"地位，使空军成为军队大家庭中的一个"灰姑娘"。既然夺得制空权具有决定性意义，那就必须立即创造条件实现这一目标。它应在一国人力物力资源允许的范围内做到使独立空军尽可能地强大。换句话说，一个国家应以其能用于空中力量的全部资源组建一支强大的独立空军。他深信，随着公众逐渐认识到制空权的重要，这个预算将会增加。

另一方面，要全面加强空军自身的建设。他指出，一支空中力量的真正威力取决于构成它的大量因素，其中没有一个能降为零。如果我们要判断一支空中力量的真正价值，就必须考虑到构成它的一切因素。它不仅限于生产一定数量的飞机和训练一定数量的操作人员，能投入空中的飞机数量并不能说明一支航空兵的威力，因为从纯军事意义上看，飞行本身并不是目的，而是完成战争行动的手段。要建立空中力量必须满足许多要求，具体说，空军战斗力的构成涉及武器装备、人员素质、编制体制、勤务保障、作战理论等各种因素。这些要求互相联系，应当协调一致。如果发展协调和使用恰当，它能发挥极大的效能以满足空中战争的要求。如果其中有一个得不到满足，空中力量即使不是完全无用，也必将丧失大部分能力。

在空军的组织系统建设上，杜黑主张建立统一的指挥机构和后勤保障系统。他认为，"航空机构需要有自己的头"，即建立领导航空的"中央组织"。在这个头下面应有四个职能部门：一是有一个决定独立空军的组织、指挥、训练和使用的机构，这实际上就是当今各国空军共有的作战司令部。二是创建一个机构，负责按质按量向各个航空组织提供他们所需要的特种器材，这实际上就是当今各国空军的武器系统司令部或装备司令部。三是创建一个为独立空军的人员按质按量提供专门训练的机构，这实际上就是当今各国空军的训练与教育司令部系统。四是需要建立一个空军后勤单位，它应能提供生活、运输、战斗保障所需要的一切，由空军本身来组织供应；为了使空中力量能有效地活动和完成使命，独立空军必须是一个完全自给自足的组织，必须能在战争中向它提供各种供应，使其能够在空中和地面独立地活动，这实际上就是当今各国空军均有的后勤司令部。

在此基础上，杜黑特别强调，按照意大利的地理和政治地位，其全部国土都能被敌人从山那边发动的空中进攻所达到，所以，独立空军必须建设成为意大利的"坚盾和利剑"，才能确保意大利处于不太容易被敌人摧毁的地位。

空军的主要成分是轰炸队和空战队

杜黑从独立空军应该担负的使命和任务出发，对独立空军的构成进行了筹划与设计。他认为一支独立空军在建制上主要应由轰炸队和空战队两部分组成。这就是他所说的，一支独立空军的构成可以简述如下：最强大的轰炸力量，与敌人可能实力成比例的空战力量，即一支独立空军在建制上应由轰炸队和空战队组成。

杜黑认为，轰炸队是一支完全确定的空中进攻力量，必须拥有充分的打击能力，能以实际行动破坏敌人在地面上的目的物，取得真正的重大战果。其主要职能是用以攻击地面和水面的目标，摧毁敌人的空军夺得制空权，以及摧毁敌国的抵抗意志，夺取战争胜利。一支独立空军的整体进攻力量是按其建制内的轰炸队数目计算的，而轰炸队数目又是按照需要摧毁的面积来计算的。因此，这就要求轰炸队必须拥有充分的打击力量，一次轰炸突击应能够彻底摧毁它所指向的目标，从而免除对同一目标进行第二次突击。

杜黑把空战队看作替轰炸队开辟道路的力量，它的最主要职能是在轰炸机执行任务时，为其清除途中可能出现的敌人的任何空中抗击，它要能及时发现各型敌机，保护己方飞机不受敌战斗机的伤害。与此同时，空战队要负责保护己方"高级司令部"，在它受到敌机攻击前就能实施截击，警戒天空是空战队的特定职责。所以，空战队的设计和装备应主要用于空战。

对于轰炸队和空战队在独立空军建制中的地位和作用，杜黑明显地表现出他更偏重于轰炸队。他认为轰炸队是独立空军的主力，因为航空兵最重要的特性是进攻；要使飞机能够连续打击敌方目标，也需要大量的轰炸机；轰炸作战的总效果将决定战争的结局，这实际上就是看空军能否在最短时间内投下最大数量的炸弹。因此他主张，空军编成中要有"最大限度的轰炸力量"，而空战队只是保障力量，空战队的全部实力只需比敌空战队占优势就可以了。他用一段论述完整地表达了自己的这一思想。他说，独立空军的轰炸队越强，它的破坏能力也越大。而另一方面，空战队的全部实力只需按比例大于敌人的战斗实力，也就是说，只需强大得足以比敌空战队占优势就可以了。一旦独立空军夺得了制空权，就不再需要有空战队。轰炸队则相反，一旦独立空军夺取了制空权，不再遇到空中抵抗，它就能安全地发挥其全部进攻力量。为了说明这一问题，杜黑假设在一场战争中，A国空军只拥有空战队，B国空军只拥有轰炸队。根据A，B国空军的兵力结构，战争开始后，A国空军只能采取寻找B国空军，迫使它进行空中交战并打败它的方法。应当说，找到B国空军所有的机场并不难，然而，即使找到机场，A国空军由于没有轰炸队，从而对停放在地面的B国空军飞机进行轰炸也无能为力；而要想在空中找到B国的轰炸队虽然并不是没有可能，但是，在当时没有雷达的条件下，无异于大海捞针，是很困难的。杜黑用这样的话来形容，找到它是事情的关键，但是到哪里去找？天空到处是一样的，没有路标指明B国独立空军攻击A国时所走的路线。"搜索"成为笼统的，"找到"只是一种可能性，不是必然性。A国空军要迫使B国独立空军交战，必须具有比B国更快的速度；要想取胜，必须比B国更强，还要交好运。B国空军则不同。它由于具有主动进攻的轰炸队，因此，当A国空军正在不成功地搜索B国独立空军时，B国却能突袭A国领土并造成巨大损失，而A国则不能对B国造成任何损失。

虽然杜黑更多地偏重于轰炸队，但是，他又认为，无论是轰炸队还是空战队，在独立空军的建制中都是一个整体，既不能缺少一种，也不能绝对分割开来。单独由空战队组成的独立空军不是真正的独立空军。他说，一支单独由空战队组成的独立空军，即使在飞机方面占有优势，也将由于在"空虚"的空间中无益地活动而筋疲力尽。当它对抗一支虽然战斗机处于劣势但有轰炸机的空军时,即使想达到保卫自己领土免遭敌方空中攻击这样的一个消极目的,也会遇到极大的困难。因为敌人利用空中攻击的快速性能够避开战斗,进行突然的攻击。因此,单独由空战队组成的独立空军不是真正的独立空军,因为,它不能大量摧毁敌人的空中进攻力量,进而夺取制空权,也不能完全保卫自己领土免遭敌方攻击。同样的道理,单独由轰炸队组成的独立空军在空中作战时,只能避开空中遭遇,进行突然袭击,它不能抵抗敌方的攻击。只有一支兼有空战队和轰炸队组成的独立空军,才能够在敌方上空畅行无阻并能对地面实施进攻。

杜黑认为在独立空军的建制中,尽管轰炸队和空战队的作用不同,但它们是一个整体。因此,一支独立空军的编制,就应当既有战斗机又有轰炸机,它们的功能不同而又相互依赖,这是空军的主要基础。

由于杜黑认为轰炸队是独立空军中的一支完全确定的进攻力量,而空战队则是用以保护轰炸机对付可能的敌方抗击,因此,在一支独立空军编制中突击力量要占有比较高的比例。也就是说,在独立空军中,要以进攻力量为主体。只有这样,才可能形成空军远程作战、高速机动、猛烈突击的基础。杜黑强调,没有强大的进攻力量,也就没有空军的优势,也就没有空中战场的重要作用和决定性作用可言。根据这一思想,杜黑主张在独立空军中,轰炸航空兵的比例应当大于作战航空兵的比例。

在杜黑提出上述思想时,除英国、加拿大、澳大利亚外,意大利也已经建立了独立空军。然而,对于独立空军的基本结构还没有一个统一的认识,杜黑提出了自己的看法,这具有重要的理论意义。杜黑的这一思想，后来为许多空军强国或先或后所接受，建立了强大的轰炸航空兵和战斗（歼击）航空兵。在第二次世界大战前，西方军事大国轰炸航空兵占作战航空兵的比例多在40%~55%，比第一次世界大战结束时增加1.5倍。当今，随着科学技术的迅猛发展，以及在军事领域的广泛运用，战略和战役空中突击力量仍然受到各国的高度重视，西方主要军事大国的进攻性空中力量目前仍占作战飞机总数的50%以上。

当然，在空军兵种的编成方面，杜黑有些过分强调轰炸航空兵的比重了，这是因为他当时把空中作战主要理解为空中突击，而未能想到，现代空袭作战将成为双方整个空中作战和对空作战系统的对抗，为此需要相关兵种的协调发展，轰炸航空兵"一枝独秀"并不能形成最大的作战威力。没有多种功能的航空兵密切协同，甚至难以有效地进行战斗活动。

杜黑的另一个贡献是，他在探讨空军的构成时，产生了把轰炸机和战斗机的不同功能结合起来设计成一种飞机的想法，首次提出了应当有一种既适于空战又能轰炸的飞机，他称之为"战斗轰炸机"。这种飞机的武器系统既足以进行空战，又能攻击地面，其优点是显而易见的。他分析说，如果一支独立空军的飞机总数分为战斗机和轰炸机，那么在遭遇敌人时不可能同时行动，而要错开时间。首先进行空战克服敌方抗击，然后再对地面目标进行轰炸。这样，第一阶段只有战斗机能参加作战，第二阶段只有轰炸机能参加作战。也就是说，只有机枪手能在第一阶段活动，只有轰炸手能在第二阶段活动。反之，如果独立空军全部由战斗轰炸机组成，这些人员在第一阶段作战中就可以用全部飞机进行空战，然后在第二阶段再全部转为攻击地面目标。同一乘员既可以当机枪手，也可以当轰炸手，利用节省下来的人员重量就可以增强空军整体的火力。而且，一支由轰炸机和战斗机组成的独立空军在遇到敌人时，不得不用它的一部分飞机去战斗而没有行动自由，因为战斗机在交战中必须全力保护轰炸机。如果空军全部由战斗轰炸机组成，所有的飞机便都能投入战斗，都有充分的行动自由。因此，杜黑得出结论："从各方面看，独立空军的主体最好全部由既能空战又能进攻地面的作战飞机组成。"在其设想的《19××年战争》中，战胜方德国空军的主体即是战斗轰炸机。

杜黑所设想的这种兼具空战和轰炸能力的飞机，在当时的技术条件下当然是不可能的。但后来随着技术的发展，在他死后仅二三十年，作为突击力量组成部分的战斗（歼击）轰炸机不仅制造出来，而且在空中力量中的比重不断增加。目前，美国空军战术飞机中，具有空战和对地轰炸的两用途飞机占了50%以上；其他各国已经研制成功或正在研制的较有名气的战术飞机，基本上都是两用途或多用途飞机。这正是杜黑当年所期望的。

杜黑还提出空军的构成应有"侦察机队"。他认为，"独立空军为了不受敌人突然袭击，还应保持一个有效的情报组织，应当具有侦察机"。一支大规模活动的独立空军，由这样的侦察机队在前方和周围按一定距离护卫，就能防止遭受任何突袭，同时还可以利用这些侦察机发现地面目标，以便进行随后的攻击。

杜黑在对独立空军结构绘制蓝图的基础上，还对轰炸机、驱逐机、侦察机的战术技术的设计要求提出了明确意向，表达了在机载武器、防护装甲、速度、升限、活动半径、有效载重等方面的具体设想。

实践表明，杜黑提出的空军构成中的主要成分——轰炸队和空战队，一直是各国空军作战航空兵的基本兵种。各国空军在作战力量方面，虽然战斗保障飞机的种类逐渐增多和完善，但是作战兵种的设置大都遵循着杜黑最初设想的思路。各种飞机设计的战术技术要求的着眼点，也基本仍是当年杜黑提出的要达到的基本目标。像第二次世界大战中，美国生产的 B-17 轰炸机、F-51 远程护航驱逐机，可以说都是杜黑思想影响下的产物。特别是 20 世纪 50 年代以来先后出现的各种战斗轰炸机，虽然结构和性能比当年杜黑设想的有了重大发展，更加完善，但仍是按照杜黑的"既能空战，又能轰炸"的原则设计的。

第6章

陆、海、空三军是一件三刃的战争工具

杜黑在提出建立独立空军，强调陆、海、空三军应当平起平坐的同时，还特别指出，尽管三军在未来战争中的作用有所不同，但作为一个国家的整体战争工具，它是一件三刃的战争工具；各自虽有不同的作用，但目标和行动必须一致；为了战争的胜利，国家要从武装力量整体上统筹考虑三军的合成使用，在一个统一的指挥部下实现陆、海、空三军的协同。他这样说道，战争中使用陆、海、空军力量都应为着同一目的——胜利。为了获得最大效果，这些力量应当协同并相互协调。

空军并不是胜利的唯一的因素

杜黑虽然强调独立空军的重要性，但是，他并不是一个空军绝对主义者，也不是一个"空军制胜论"者。相反，他在提出空中战场是决定性战场、空军是夺取制空权的决定性力量的观点的同时，一再强调："当我说空军是决定性的时候，并不意味着我说空军是胜利的唯一的因素。如果那是我的观点，我会合乎逻辑地提倡取消陆、海军；因为如果胜利可仅靠一个因素，即空军的因素来取得，其余两个军种就完全没有用处了"，"在未来战争中它也不是唯一的胜利因素"。可见，他丝毫没有要抹杀陆、海军作用，更没有要取消陆、海军的意思。

杜黑在论述建立独立空军的必要性时，总是在承认陆军和海军在战争中的具有不可替代的作用这一基础上进行的。请看他自己是怎样说的吧。他说，陆军虽然主要是一支地面军队，它也可以拥有在水上航行的作战手段，以协助完成陆上作战任务，但这并不排除海军单独用自己的海上手段完成作战使命而完全不必要有陆军参加。同样，海军主要是一支海上军队，它可以拥有陆上作战手段，以协助它完成海上作战任务，这一事实并不排除陆军可以单独用自己的陆上手段完成作战使命而完全不依靠任何海上手段。依此类推，陆、海军都可以拥有空中手段，以协助完成各自的陆、海作战任务。但并不排除这种可能性、现实性，甚至必要性，即有一支空军能够单独用它自己的手段完成战争使命，而完全不必有陆、海军参与。由此可见，杜黑说得非常明确，即"空军合乎逻辑地应被赋予和陆、海军同等的重要性"，其前提显然是承认陆、海军的重要作用的，在这里仅仅是强调空军和陆、海军一样能在一定条件下完成战争使命而已。有人曾抓住杜黑在这里说的"一支空军能单独用它自己的手段完成战争使命，而完全不必有陆、海军参与"这一句话，而丢掉他前边说的陆、海军具有同样能力的一大段话，批评杜黑宣扬的是"空军制胜论"。这就是对杜黑思想的一种片面的理解了。

为了避免别人对他的思想有片面的理解，杜黑多次强调，陆、海、空三军是一个国家武装力量构成的不可分割的整体。他说：我并不想使我这些指出航空兵在未来战争中重要性的话被理解为降低陆军和海军的价值。我比别人都更一贯坚持，这三种武装力量构成一个不可分的整体，是一件三刃的战争兵器。用于保卫我们国家的一切人员和兵器都有同样价值——无论是在陆上、海上、水下或空中活动，它们都是必需的。在所有这些领域，需要完成同等重要的职责，需要执行同等重要的任务，赢得同等的荣誉。要把陆、海、空三个军种看作为同一目的而结合的一个整体，都是磐石般的战争有机体中必要的肢体，都是进行战争所必不可少的。

陆、海、空三军必须充分协同

在强调陆、海、空三军是国家武装力量构成的一个不可分割的整体的基础上，杜黑又提出要充分发挥出陆、海、空三军整体力量的作用，必须充分发挥三军之间的相互密切协作的思想。

杜黑认为，战争中使用陆、海、空三军力量，虽然在各个战场上各自将以不同的武器进行作战，但仍将为一个共同的目的而协作，这个目的始终如一，就是争取战争的胜利。为了获得最大效果尽快达到这个目的，这些力量应当充分协同并相互协调。具有决定性作用的空军也应当始终与陆、海军合作。他比喻说，陆、海、空这三种力量应作为同一产品的配料（或要素），只有适当选定配料比例才能获得最好效果。但即使三种要素比例很正确，如果它们相互间不能完善地协同，也不能获得最大效果。各军种之间缺乏协同从来都是造成严重失误的原因，而在未来造成的失误将更加严重。因为未来战争越来越多地吸引交战国的全部活动，又出现了空中力量这一新因素，协同的重要性正在不断增大。每个人都要看到三军协同的好处，都要能看到各军种特殊利益之外的东西。为此，一方面要允许陆、海、空军各自的指挥享有最大的行动自由，同时为了国防利益，要求陆、海、空三个军种在最高当局领导下实行统一协调的行动。

杜黑特别指出，如果说在空中力量还没有出现之前，各军种的协同还只是一种可能的话，那么，在有了空中力量之后，可以说各个军种之间的协同就从可能变为现实了，陆、海、空三军在客观上终于结合成一个整体。这是因为空军的活动范围很大，它可以在整个天空中活动，包括陆地和海洋的上空。这就使"目的一致"这一含混不清的准则完全被"行动一致"所代替。陆、海、空三大军种，特别是在其必要的组织已经完成的情况下，就有条件行动一致地奔向同一个目的——取得胜利，就可以在一个统一的指挥部下实现陆、海、空三军的协同。

虽然杜黑是站在空军的立场上提出实现陆、海、空三军协同的思想的，但是，他的这种思想却揭示了作战指导的一个基本规律。

杜黑还对如何达到陆、海、空三军协调的途径提出自己的看法。他强调要建立一个能够统一指挥陆、海、空三军的最高指挥机构。他认为，在空军出现以前，各个国家大多只有陆、海军两个参谋部，空军出现后，究竟如何对三军实施统一的指挥和协调，这就成为一个重要的问题。只有成立一个具有权威的统一指挥机构，才能真正使陆、海、空三军协调起来形成一个整体。1921年，即意大利空军成立前两年，杜黑就曾提出成立"一个权威机构成为三军最高指挥部并协调他们的活动"。他指出，现在不存在这样一个权威机构，一旦发生战争，它们相互间的协同，由于没有先例也只能是偶然性的。这种协同应当由指导国家全部武装力量使用的最高当局来计划。我们今天比以往任何时候都更需要创建一个既非陆军又非海军的国家机构，它能洞察战争的总体，能不带成见地衡量三个军种的价值，通过他们的协调取得最大成果。有了这样一种战争组织，就可以看到我们是处于有利的地位，因为我们已经把各军种融合在一个单一的指挥部之下了。

为了进一步论证自己的这一思想，杜黑在《19××年战争》中还专门写了这样一段话：德国从1927年起就发动了一次广泛的军事改革，建立了国防部和最高统帅部，这就导致取消了各种军事方面的部。总参谋长的职责非常重要。国防资源分配给三军的份额取决于总参谋长。因为他了解战争的复杂问题，他的任务是确立三军的重要地位，以便从整体上能产生最大的战争潜力。这就是说，由于德国建立了能够统一指挥陆、海、空三军的最高指挥机构——总参谋部，从而使三军真正协调起来形成了一个整体，这是德国在战争中取得胜利的一个重要原因。相反，法国在战争中失败，一个重要原因就是没有一个能够统一指挥陆、海、空三军的最高指挥机构。他这样说道：法国的军事组织有一个主要的缺陷，就是缺乏统一，因为它们不是从一个根上生出来的。法国没有一个把战争作为整体来考虑的机构，它只有三个独立的当局负责在三个不同的领域来准备战争和发动战争。这就难免三者的每一个都只关心自己的职责，力图使自己具有完成任务最好的条件，从自己特殊的观点上去考虑战争。法国的武装力量三部分立及分设三个参谋长的制度无疑是达到协调比例的最不恰当的制度。

在这里，杜黑第一次提出了应实行总参谋部超脱陆、海、空三军的统一指挥体制。虽然"总参谋部"一词在杜黑时期并不是一个新概念，但那时只是陆、海军各有自己的"总参谋部",并无武装力量统一的总参谋部。空军作为一个独立军种产生后,杜黑认为应该建立一个能够统一指挥陆、海、空三军的最高指挥机构——总参谋部,这是一个新的思想。杜黑提出这一思想以后,直至今天,世界各国都普遍建立了超越陆、海、空三军,并能够统一指挥陆、海、空三军的总参谋部。

杜黑提出的陆、海、空三军必须充分协同作战的思想,在高技术条件下,特别是信息化条件下的战争中得到了充分的体现。随着信息技术在战争中的广泛运用,战争越来越成为系统与系统之间的对抗,战争的胜负已不可能由某一个因素所决定,而是由综合因素来决定。这也决定了任何单一军兵种通常都难以完成整个战争的任务,而必须依靠国家武装力量发挥整体威力。信息化条件下的战争中,陆、海、空三军及其相应的陆地战场、海洋战场和空中战场是一个整体,需要各兄弟军种密切协同、共同战斗,总体上少了谁也不行,相互间离开了谁也不行。轻视任何军种的存在和作用都将在战争中碰壁。而且现代联合作战,军兵种之间已经不是简单的支援和配合,而是要求组织复杂的协同,这就更需要有一个统一的指挥机构。美国为了加强陆、海、空三军的统一指挥,于1986年通过了《戈德华特—尼科尔斯国防部改组法》,扩大了参谋长联席会议及其主席和战区司令官统一指挥各军种的权力。他们在海湾战争结束后总结的基本经验之一就是:这部法案"确保了各军种齐心协力地进行同一场战争"。

即使是进行杜黑所说的"空中战争",也需要陆、海、空等诸战场并举,需要诸军兵种共同协作。在海湾战争中,多国部队空军、海军、陆军和海军陆战队的固定翼飞机、直升机,海军的舰对岸巡航导弹,在空间的各种军用卫星保障下,采用"硬""软"两种进攻手段相结合,对伊拉克发动了陆、海、空融为一体的，多军种武器系统构成的，全方位、全高度、全天候、高强度的联合大空袭，充分显示了现代空中整体作战的巨大威力。因此，现代战役理论认为，夺取并保持制空权是诸军兵种的共同任务，空军仍将起骨干作用，但同时，需要各军种的航空兵、防空兵、地对地远程打击力量、空降部队、特种作战部队以及民兵、游击队的有力配合，以形成强大的整体威力。这一切都证明，杜黑提出的陆、海、空三军必须充分协同作战的思想具有强大的生命力。

陆、海、空建设应当有重点

杜黑把陆、海、空三军看作一件三刃的战争工具，体现了陆、海、空三军是一个整体的思想。但是，他同时又指出这不排斥为了赢得战争胜利，在必要时改变这三面刀刃任何一面的大小、形状和作用，制造一个更适用于战争的工具，以便能够更加锋利地刺穿敌人的抵抗力量。也就是说，为着更好地打击敌人，夺取战争的胜利，陆、海、空军在发展上应有所侧重，以使国家武装力量整体的威力更为强大。这体现的又是重点论思想。

通过改变三面刀刃任何一面的大小、形状和作用，以更好地形成这把刀的整体威力，杜黑的思想就这样充满着辩证法。在这三面刀刃中，杜黑更倾向于首先重点改变"空军"这一面，反映了他的一贯思想。

杜黑认为，从一个国家的国防资源和建设陆、海、空三军的需要来看，资源毕竟是有限的，要把有限的国防资源毫无重点地平均用在三军建设上，不仅不可能使陆、海、空三军形成一个整体威力，而且还会造成国防资源的浪费。即使是一个最富有的国家，它能用于国防的资源也不是无限的。如果将国家所有资源都用在国防上，必然会影响其他方面的建设。在国防资源有限的情况下，一个国家能交给武装部队支配的资源总是一个常数，由陆军、海军及空军三家共享。使用一定数量的资源，只有正确安排用于陆、海、空各军种的比例，才能够获得有效的国防力量。换句话说，需要正确分配用于国防的有限资源，使之能在战争或发生其他意外事件时得到最有效的利用。用于各军种的资源比例越正确，国家用于国防的开支也就越少，其收效也越大。所以必须寻找出国防资源用于武装力量各组成部分之间的正确比例。这种比例将使整体的价值达到最大值。现在，国家用于国防的资源是按不可靠的经验方式分配的，各军种分得的比例更多是靠关系、人情等幸运的机会而不是靠真正的计划。当每个军种各自为政，都想多争得点权力时，情况也不能不如此。这种状况不仅影响陆、海、空三军的建设，更影响独立空军的建设。对于这种做法，杜黑表示了强烈的不满。

那么，在陆、海、空三军之间怎样分配有限的国防资源才能达到最好的比例呢？杜黑认为，最好的办法是把这个国防资源常数分配给各军种后，加强某一军种的建设，这样才能有利于夺取战争的胜利。这就是说，只有把有限国防资源的相当一部分放在一个军种上，才能使之成为赢得战争的决定性力量，从而最有利于赢得战争，这样就能使有限的国防资源运用得最有效。因此，为了使其中一个军种的投入达到最大值，就必须把其余两个军种给以最低值。具体说，陆、海、空三军之间的正确比例应当是：陆、海军保持最低值，即保证他们起防御作用所必需的力量；而空中力量应当给予最高值，因为空军在未来战争中将是决定性的。按照这样的比例，才能使陆、海、空三军整体作战能力达到最大值。而且和陆、海军相比，按照进攻能力相对来说航空兵的耗费要小得多，可以最大限度地节省国家的资源。总之，在杜黑看来，在有限的国防资源的条件下，企图加强一个国家的全部武装力量，使得每个军种都成为决定性的军种，这种说法是毫无意义的，它意味着搞平均化，并不是最好途径，只有重点加强独立空军的建设才是最好的。

杜黑还认为，为了实现正确分配国防资源的计划，也需要有一个权威机构来研究国防需要，并决定按正确比例将国家资源分配给陆、海、空三军。这个既非陆军又非海军、空军的国家机构，它能洞察战争的总体，能不带成见地衡量三个军种的价值，通过它们的协同取得最大的成果。

应该说，杜黑的在协调发展陆、海、空三军中优先发展空军的思想，主要是针对意大利军队当时的情况而提出的。当时意大利军队内的保守思想还很严重，对建立独立空军的重要性还没有完全认识到，军队建设的重点还是放在陆、海军上，空军还没有赢得和陆、海军同等的地位，空军力量和陆军力量相比，显得很少、很弱。在这种情况下，杜黑从空军在未来战争中将起决定性作用，以及战争样式的发展趋势来思考问题，竭力为空军建设争得一席地位，要求重点加强空军建设，如果把有限的国防资源，像撒胡椒面的办法平分给陆、海、空三军，就难以加速空军的发展，就难以适应未来战争的要求。

杜黑主张的在协调发展陆、海、空三军中优先发展空军的思想，后来几乎被所有的国家都接受了，西方军事强国在20世纪30年代到60年代先后都采纳了这一思想。70年代以来，随着航空技术数次突破性的发展，导致世界范围内数次出现"空军热"，竞相把空军建设作为军队建设和国防建设的重点。一方面是飞机数量大幅度增加，第一次世界大战前，欧美七个军事强国只有 806 架。第一次世界大战中，参战国也只有 8000 架，而第二次世界大战中，全世界生产了约 100 万架，仅美国空军一家最高时即达 70000 架，目前全世界的军用飞机维持在十几万架。另一方面是飞机的作战威力呈几倍至几十倍上升。现代战略兵器主要就是指超远程、高精度、大威力的空袭兵器。空军的使用价值大幅度提高，使空中力量迅速崛起，成为现代国防的重要支柱。近年来，不少国家通常把约 1/3 的军费用于建设空军，使空军保持着强劲的发展势头。

培养"总体战的专家"

杜黑认为，既然陆、海、空三个军种是为同一目的——夺取战争的胜利而结合的一个整体，在作战中必须相互协调，那么，指挥这三个军种的总参谋部，就应由能够指挥全面战争的军官们组成。总参谋部的军官应是具有三军知识的"总体战的专家"，并由他们建立以诸军兵种合成使用为基础的"新的战争学说"。

杜黑提出这一思想也是有所指的。从当时意大利军队的情况来看，军事院校中的陆军学员主要谈论陆军，海军学员主要谈论海军，空军学员则谈空军。特别是当他们谈到总的战争时，每个人又都强调他所属的那个军种的部分，对别的军种避而不谈。杜黑认为，必须改变各军种独立的这种状况。在他看来，作为一支军队，仅有军种专家是远远不够的，必须要有战争专家。如果说，军种专家只是某一领域的专家的话，那么，战争专家则应该是全面的专家。这是因为，战争是不可分割的一个整体，战争的目的只有一个，那就是争取胜利。这一目的也是各军种的共同目的，它需要各军种协同作战，共同努力才能实现。空军出现后，各军种的作战行动更是难以分割，战争的整体性更强。在这种情况下，仅仅依靠了解某一军种的知识，就不可能得出一个可靠的、理智的关于战争学说的任何结论来。因此，很有必要培养一批"总体战的专家"，培养和训练一批能够掌握陆、海、空三种作战工具的指挥员，也就是能够组织一个由胜任指挥全面战争的军官们组成的最高指挥部。在战时，指挥战争的这些军官应把各军种都看作实现同一目标的一个整体的组成部分，具有为达成总的战争目的而正确指挥各军种的能力。只有他们才能找出指导战争的正确答案来，也只有他们才是建立新的战争学说的人物。当然，新的战争学说是以诸军种合成使用为基础的。

为了培养出这种"总体战的专家"，以正确指挥陆、海、空三个军种联合作战，创立以诸军种合成使用为基础的新的战争学说，杜黑认为，可以先成立一个他称之为军事科学院的机构，在这里从陆、海、空三军中挑选出最有才能、好学上进和思想开放的军官一起研究有关三军协同作战等新问题。在这所科学院里，人们可以放开思想进行交流，正确的就肯定它，错误的就否定它，通过不同的争论和交流，不断否定错误的，肯定正确的，就能产生最后的一致意见。根据这些一致意见形成新的学说，这种学说由于它有这样的产生过程，将易于被各个军种承认和接受。同时，在这个研究机构中，还可以达到使不同军种选拔出来的军官密切地和真诚地接触的目的，可以使每一方都了解和认识到其他军种的真正价值，它反过来又带来了一个整体中各组成部分之间应当经常存在的热忱和紧密的联系。在此基础上，有了教员和要讲授的军事概则后，就可以成立军事学院，或称之为总体战争学院。这是一个鼓励和组织学习研究有关总体战争的各种问题的场所。通过这么一个机构，人们能够在一所真正的军事院校里讲授新的军事学说，可为总参谋部训练军官，扩展指挥陆、海、空三个军种的军官的专业知识和才能，培养一批不是从传统的军种角度，而是从国家武装力量整体角度研究战争的军官。培养出来的军官在平时是总参谋长的得力助手，在战时则是陆、海、空三军最高统帅的得力助手。

杜黑的这些想法对后人很有启发。如今，培养具有全面素质、复合型知识结构和综合能力、较强的创新精神和创新能力的军事指挥人才，已经成为各国军事院校办学的重要指导思想。

第7章

指导空中作战的原则

杜黑通过对传统的空中作战思想的研究，以及对第一次世界大战空中作战实践经验的总结，提出了指导空中作战的一些基本原则。他把这称为"更大胆和更革命的步骤"，是他提出的"新的军事学说"。

集中所有力量于空中

杜黑认为，既然未来战争中空中战场是决定性战场，那就必须"将国家的大部分资源集中于决定性战场——空中战场"，因此准备和指导战争的基本原则是"集中一国的力量于空中"。

在杜黑看来，在陆上战场和海上战场，军队只能进行防御，只有在空中战场才能进行进攻。因此，同陆上战场和海上战场相比较，空中战场是决定性战场，它最终决定战争的胜负。由于一个国家可用于国防的资源总是有限的，因此，应当将国家有限的资源集中用于空中战场，而陆上战场和海上战场只要能保证它们起到防御作用就可以了，这样才能使有限的国防资源发挥出最大的效能。根据这样的推理，他得出结论说：

"空中战场是决定性战场，那就有足够的理由把我们的力量集中于空中。"所以，他大声呼吁："的的确确，这是我的信条。让我们集中我们的力量于空中吧！因为我认为胜负决定于空中。"

从认为空中战场是决定性战场，到要求集中力量于空中。在这里，杜黑同样没有完全否定陆上战场和海上战场的作用的意思，他只是从集中兵力的原则出发，强调一个国家应当把力量集中于空中这个决定性战场。或许担心人们对他的这一思想会有片面的理解，他反复强调说，这并不是说要把现有的资源全部倾注给空中战场，相反的，我只是说让我们在组织地面军队防御之后，将剩下的力量全都集中使用于空中战场。我遵循集中力量于决定性战场的原则，这一原则并不排除而且需要加强另外两个战场上的抗击。不过，他还是坚决主张绝不能在陆上、海上和空中三个战场之间搞平均化。他提醒人们，如果在三个战场上搞"平均化理论"，根本不考虑各个战场的不同价值，那是打败仗的绝妙好计。

基于上述思想，杜黑进一步提出了一个基本的作战原则：在地面取守势、在空中取攻势。用他自己的话来说，这就是"在地面抗击，以便集中兵力于空中"。这是要通过地面战场上的有效防御，以便集中所有力量于空中有力地打击敌人，从而取得战争的最终胜利。这就要求人们必须具有这样的一种思想观念，准备忍受敌人加于我方的损害，同时利用一切可能的手段对它造成更大的损害。换句话说，在准备承受敌人进攻的同时，对敌人进行最大可能的进攻。

杜黑认为，坚持在地面取守势、在空中取攻势这一基本作战原则，初看起来似乎是残忍的，尤其当人们想到空中进攻可能造成的痛苦和恐怖时更是如此。但这是一切战争活动都要遵守的一个最基本原则。正是基于这一基本原则，杜黑甚至主张，一个陆军指挥官只要能给敌人以更大的损失，只要能带来胜利，可以准备损失几十万人。一个海军舰队司令官为了能击沉敌人更多舰船，情愿损失一些舰船。同样，一个国家为了争取战争的最终胜利，必须准备忍受敌人的进攻以便给它以更大的打击，因为只有通过给敌人造成比自己更大的损害才能赢得胜利。

在人类活动中，战争区别于其他活动的最根本属性就是残酷性。杜黑正是从独特的视角揭示了战争的这一特性。为此，他认为，坚持在地面取守势，在空中取攻势这一基本作战原则，还需要加强对居民的战争教育，使他们真正做好精神上的准备，不怕流血牺牲，不要被战争的残酷性所吓倒，让他们在做好地面防御的同时，加强地面对空中进攻。在这里，最基本的要求是让他们要充分地意识到空袭的严重性。除了做好精神准备外，做好物质准备也是必要的，它可有助于降低敌方空中进攻的效果。总之，要想尽办法，降低敌人对我空袭效果，从而不致减少我方可用来对敌进攻的力量。

杜黑"在地面抗击，以便集中兵力于空中"这一思想的根基，还在于他认为，保卫自己领土免遭空中进攻的有效方法，就是以最大可能的速度摧毁敌方空中力量，正如他所说，反击敌人对我领土进攻的最好办法，就是对敌人领土采取坚决的大规模进攻。要使人民由于己方强大的空军部队进入敌国而保持高涨的士气。

杜黑清楚地知道，他提出的这一指导原则，主要是针对意大利这样的国家，如果专门考虑日本与美国之间的一场战争，十之八九会得出不同的结论。他说，要想为所有国家提供一个胜利的万应良方，对我来说真是彻头彻尾的自以为是。我的意图仅仅是为我国未来可能发生的战争指出一条最好和最有效的道路。因为在意大利这样的国家里,并没有足够的能力保证陆、海、空三军的平均发展,在有限的能力范围内,就只能优先发展空军,依靠空军来决定战争的胜利。他这样解释说,如果我们能建设一支控制海洋的海军和一支控制天空的空军,我们英雄的步兵就可以几乎无往而不胜。但是我们不能实现这种双重理想,因为尽管我们不缺人,我们却缺乏兵器(我们不是美国人),所以我们必须满足于保持在我们能力范围之内。在空中,我们会发现,我们的处境要较在陆上和海上好。因为在空中我们与可能的敌人处于平等地位,这与我们技术知识和工业的发展关系甚小。这里是我们要寻求决战的战场,这可能与敌人的愿望相反。为使我们处于取胜的有利地位,我们必须在空中集中我们大部分的力量。

空中力量永远应当集中使用

从国家层面上说,杜黑大声呼吁:"让我们集中我们的力量于空中吧!"但是,从空军自身层面上说,如何使用这些力量呢?力量集中于空中了,但如果你使用不好,也不可能取得战争的最终胜利。因此,能否使用好空中力量,同样关系到战争的胜负。杜黑认为,正确使用空中力量的最基本原则就是集中使用。他说,空中力量永远应当集中使用。又说,独立空军永远应集中使用。

在用兵上,强调集中兵力,反对分散用兵,这可以说是军事上的一个最根本的规律。用兵的灵活性,就体现在战争指挥者对集中兵力和分散用兵的正确把握上。杜黑也深深懂得这一点，并把这一原则运用到空中作战之中。他认为，一支独立空军是一支进攻力量，它能以惊人速度向任何方向打击陆地或海面上的敌方目标，并能突破敌方任何空中抗击。因此，支配其作战活动的首要原则就是，独立空军永远应集中使用。

在提出空中力量永远应当集中使用这一基本原则后，杜黑对什么是集中使用、如何才能集中使用发表了自己的看法。他认为，这个原则也是支配陆上和海上作战的原则，但对于空中作战仍然具有特殊意义。他指出，空中进攻同其他任何进攻一样，在时间和空间上集中进行时，它的物质和精神效果最大。在这里，杜黑强调空中力量的集中使用，必须要在兵力使用上坚持在时间和空间上两个方面同时集中使用。只是在兵力使用的时间上集中而在空间上不集中，或者相反，只在空间上集中而在时间上不集中，都不是集中使用。所谓时间上的集中，就是要求在同一时间集中空中最大的兵力，以形成强大的进攻力量。所谓空间上的集中，就是要求对同一地点的敌人的主要目标集中空中最大的兵力，实施猛烈的打击。空中兵力只有做到这两方面的集中，才能给敌方造成极大的打击，产生最大的物质和精神效果。而且在作战中集中兵力组成庞大的突击集团，才有利于空军成功地突破敌空中抗击。

杜黑特别反对在实际作战中，零敲碎打地使用空军力量，认为这样做，那就是犯了极大的错误。尤其当面对一支能造成同等重大损害的实力相同的敌方空军时，必须最大限度地使用我方空军的潜力，而不必考虑节约空中兵力。

那么，在空中作战中能不能做到集中兵力呢？杜黑的回答是肯定的。他认为，空军的各个机队可以驻在不同的基地上，只要在军用地图上画上一条所有机队都能到达的圆周线，就可以显示空军对敌方目标实施集中突击的范围。显然，只要敌方陆地或海上的任何目标位于圆周线内，整个空军都可以在一定的时间内同时到达，顶多花费由作战基地飞到圆周线上任何一点的最大距离所需要的时间。对敌攻击还可以完全秘密准备，不致事先惊动敌人，保持着进攻主动性的有利条件。对于这种集中兵力的突然的攻击，敌人很难有充分时间从空中或地面有效地对付这种打击。

杜黑还强调，空军的兵力一定要集中使用在主要作战行动上，而不能分散用在次要行动上。他说，即使在夺得制空权以后，独立空军也不应浪费时间分散力量用于次要行动。空军一旦夺得制空权，就应努力进行大规模进攻，以集中力量摧毁敌人物质上和精神上的抵抗。即使这个目的不能完全达到，也应当尽可能地削弱敌人的抵抗，因为这是更好地帮助陆、海军作战的方法。要达到这个目的，必须避免分散力量，要最大限度地集中使用它。这就是说，一切空军力量在任何情况下都不应当分散用于次要行动上。

在时间和空间上集中空中主要力量，其最根本的目的就是在尽可能短的时间内给敌人造成最大的损害。因此，杜黑进一步指出，空军的轰炸行动必须遵循这样的指导原则：对敌方的目标必须一次突击成功，即一次完全摧毁，不需要对同一目标进行第二次突击。之所以如此，这是因为飞机到达敌方的目标总是一种带有风险的空中活动，如果第二次再到达同一目标，就会增大这样的风险。这就要求对敌方目标的突击一次完成。同时，一次性彻底摧毁敌方的一个目标具有精神上和物质上的更大效果，它的影响可能是巨大的。因此，一旦确定敌方目标和摧毁的顺序，空军的任务就变得很简单了，这就是集中空中的主要力量以最短时间加以摧毁，而不考虑其他。

既然如此，杜黑主张对敌方的目标应采取突然袭击的方式，认为突然袭击在空战中具有明显的价值。这就是说，发动打击要越快越好，以防止敌人首先对己方进行打击，因为敌方也有可能用其独立空军夺得制空权，从而最终赢得战争。但如果能成功地先行突击并通过连续的轰炸使敌国完全陷入混乱，那么该敌国就可能没有足够时间来夺得制空权。

杜黑还主张，对敌方目标的突击应该是连续性、不间断的。他说，用新的后备队替换人员和装备是有利的，但是应当永远使空军的全部飞机连续打击敌方目标。轰炸作战的总效果将决定战争的结局，而轰炸攻击的总效果取决于空军能否在最短时间内投下最大数量的炸弹。

总之，在杜黑看来，一支独立空军唯一关注的应该是在最短时间内给敌人造成最大的地面损害，而这要取决于可用的空中力量和对敌方目标的选择。分散独立空军的实力和改变其主要目标，分散任何人力物力、经费和设备都将减慢战争进程，推迟胜利的到来。因此，独立空军必须在最短时间集中最大力量，痛击敌人并尽快地反复攻击。这就要求必须遵循空中力量集中使用的原则。

为了进一步论证上述思想，杜黑在《19××年战争》一书中预想德国的作战计划时这样写道：作战计划规定所有的空军部队和飞机都要毫无例外地参加作战行动。如果既想参加战斗又想保存后备兵力，其结果是，没有这些后备兵力就会在很大程度上造成战败，而当战败时，这些后备兵力很容易被胜利的敌人一扫而光。在这里，杜黑是不主张保存后备兵力的，而是要求将所有兵力一次性投入对敌方目标实施突击的战斗中。这实际上说明了，德国之所以能在战争中取得胜利，一个重要的原因就是最大限度地集中使用空中力量。

战争实践表明，集中使用空中力量的原则是完全正确的。在第一次世界大战中，航空兵兵力集中最多的一次战役是由美国威廉·米切尔指挥的圣米耶尔战役。这次战役是以美军为主力的一次进攻战役，美国第一集团军是主要的作战部队。米切尔是第一集团军的航空兵指挥官。他接受了夺取制空权和支援进攻作战的任务。米切尔深知这次战役的胜利将会使空中形势发生转折性变化，他着手进行对圣米耶尔地区上空的控制和使用的各项准备，要求集中使用航空兵兵力，经福煦元帅和潘光将军批准，集中了比西线任何一次战役都多的兵力，大体上是以 1500 架对 300 架的优势发动进攻。其中有 701 架歼击机、323 架昼间轰炸机、96 架夜间轰炸机、366 架观察机。为了集中使用兵力，各个军只配备了直接支援自己的航空兵力量，即只配备了观察机中队和保护自己的歼击机，其余的约 1000 架飞机编成两个轰炸机和歼击机混合旅，两个旅轮番攻击突出部，驱逐和击毁敌机并对突出部内的全部可能攻击的地面目标进行了攻击，从而取得了战役的胜利。

在以色列对阿拉伯国家发动的第三次中东战争中，以色列空军之所以对战争的结局发挥了决定性作用，就是因为坚持了时间和空间集中使用的原则。1967 年 6 月 5 日凌晨，以色列空军 200 多架飞机在地面部队发动进攻前 15 分钟全部出动，对埃及进行空袭。在埃及军队毫无察觉的情况下，准时到达 9 个停有歼击机的机场上空。以色列空军先采用单机鱼贯进入的方法，沿跑道方向低空水平投弹炸毁路面，把埃及飞机困于地面。然后再次进入，使用航炮攻击机场上的飞机，半小时后埃及能进行空战的歼击机全部被摧毁。8 时 15 分，以色列空军飞机又袭击了埃及停放轰炸机和其他作战飞机的 7 个机场。12 时 45 分到 15 时 45 分，以色列空军以大部分兵力相继突袭了约旦、叙利亚、伊拉克三个国家的8个机场，毁灭了110余架飞机。17时15分，以色列空军的"秃鹰"式飞机，为了突袭超出了飞机作战半径的埃及机场，将两台发动机中的一台关闭，以远航速度飞行，轰炸了埃及认为不可能遭到突袭的三个南部机场。到第一天作战结束，以色列空军共击毁阿拉伯国家396架飞机，完全掌握了制空权，把战争主动权牢牢地掌握在手里，为夺取战争全局胜利奠定了基础。接着以色列空军全力支援地面军队作战。阿拉伯三个国家虽然在军事力量上占有较大的优势，但由于丧失了制空权和主动权，始终处于被动挨打的局面，仅6天就以丧失6.5万平方米领土和军力巨大损失而告失败。可见，以色列之所以能在这一次战争中取胜，关键就在于以色列空军在组织空中进攻作战中，超常规地使用在时间和空间上大规模集中使用空军力量的方法。没有空中力量的集中使用，以色列就不可能取得胜利。这充分证明了杜黑提出的集中使用空中力量的原则是完全正确的。现在，这一原则已经广泛地体现在许多国家空军的作战条令之中。

空中作战只有进攻

杜黑认为，空中作战不能采取防御，只有进攻。因此，我们必须承受敌人对我们的进攻，同时努力使用一切人力物力对敌人发动更猛烈的进攻。这是指导空中作战发展的一条基本原则。

首先，空中力量是最适于进攻作战的武器，进攻作战是飞机的主要优势。杜黑认为，飞机出色的进攻性来自它不受地面障碍约束，并具有极大的速度。在以往的战争中，当以小规模、轻装备、运动快速的军队行进的时候，战略战术运用具有广阔领域。随着军队集团越来越大，活动范围缩小了，受到的限制也更多了。尤其是在第一次世界大战中，参战军团庞大，非常笨重，运动特别迟缓，结果部队运动速度降到了最低限度，战争全局直接形成双方军队残酷的对垒。飞机的出现，打破了这一战争僵局，引发了旧的战略战术的变革。由于飞机不同于运动性严重受限的传统运输工具和武器，它向任何方向飞行都是同样方便，速度也超过任何其他的运送工具。它的打击来得突然，使敌人没有时间调集援军加以对付。因此，空中力量是最适于进攻作战的武器。

其次，进攻的最大优势在于能够自由选择攻击方向，并能调动最大的打击力量。而处于防御地位的敌人由于不知道攻击方向，不得不把兵力散布在整个防线即一切可能遭到攻击的地点上。因此，一个国家掌握了迅速集结兵力的手段，能对自己选定的敌兵力集结处或供应线上任何点施加打击，就是具有最大进攻潜力的国家。

其三，空中进攻的精神效果对战争进程的影响可能比物质效果更大。杜黑一直强调，空中轰炸的影响是巨大的。彻底摧毁一个目标，具有精神上和物质上的双重效果。不难想象，一旦敌人宣布要对某些城市中心实施不分军民的毫不留情的轰炸，这些人口密集的城市的平民会有什么反应。如1940年11月15日夜，可能不超过250架轰炸机在一次夜袭中，对英国名城考文垂造成了惊人破坏，使这座古老的城市变为一片废墟。随着空中进攻力量变得日益强大，杜黑给人们描述了一幅可怕的战争景象：在空中强大力量的进攻下，一旦交通线被切断，供应仓库被烧或被炸，兵工厂和其他辅助设施被破坏，一支陆军还能干什么呢？一支海军如果不能在自己的海港中避难，它的基地被烧或被炸，它的兵工厂和辅助设施被破坏，它还能干什么呢？一个国家经常处于威胁之下，为即将到来的破坏和死亡的噩梦而担忧，还怎么能继续生活和工作呢？为此，杜黑告诫人们必须永远记住，空中进攻不仅针对物质抵抗最小的目标，也针对精神抵抗最小的目标。例如，一个步兵团即使丧失2/3战斗力还可能在被毁的堑壕里进行一些抵抗，可是一个工厂的工人在看到一个车间被毁后，即使人员死亡极少，也会迅速瓦解，停止生产。他还使用举例法引导人们设想，如果一个大城市中心在一个轰炸队的一次攻击中，给居民带来了大量伤亡，必将引发居民的极大恐慌。而这种民众之中的恐慌，很有可能传播到更多的城市中。因为即使没有电报、电话、无线电，消息也是传播很快的。在这种情况下，同样面临轰炸威胁的其他城市居民，即便是尚未遭受攻击，也已陷入茫然无措、惊恐万状之中。在这种威胁下，没有什么民政或军事当局能够维持秩序，没有什么市政服务和生产能够照常进行。即使能够维持某种秩序进行某些工作，只要出现一架敌机也足以使居民陷入慌乱之中。简而言之，在经常面临死亡和破坏的噩梦时，正常的城市生活是不可能的。

　　杜黑还主张，不论是较强的，还是较弱的空军都不应采取守势。独立空军永远不要去寻求战斗。因为，在他看来，空中战场无限广阔，空中力量置身于其中如沧海一粟，渺乎其微。为此，较强的独立空军企图在空战中寻歼敌军，其结果很可能是在空中飞来飞去，最终却一无所获。因为，较弱的一方为了避免与强敌在空中遭遇，会选择留在地面上。在这个意义上，一支寻求空战的强大空军将受制于较弱的对手。而对较弱的独立空军而言，若在空中寻求战斗，一旦与强敌遭遇无异于自杀。所以，"不论是强方还是弱方，独立空军永远不要去寻求战斗"。即便如此，杜黑并没有完全否认较弱的独立空军赢得胜利的可能性。针对有人把杜黑从来没有说过的一句话，即"一支弱的空军总是听凭敌人摆布的"硬放在他的名下，杜黑十分愤怒地指出："这绝非如此！恰恰相反，我始终坚持，并将继续坚持认为一支较弱的空军可能打败一支较强的空军，条件是在它的进攻行动中表现更加机智、更加紧张和更加猛烈，就可弥补力量上的差距。"战争实践完全证明杜黑的这一思想是正确的。在抗美援朝战争中，美国的空军力量很强，投入作战飞机最多时达到 2000 多架，处于组建初期的中国人民志愿军空军采取不断轮换作战部队的方法参战，兵力最多时，加上苏联空军的作战飞机也只有 500 余架，在力量对比上处于弱势，只能以绝对劣势的兵力与敌进行积极作战。由于采取了正确的指导方针和作战方法，击落了敌机 200 多架，一度取得了局部的空中优势，基本保障了作战物资的运输，对抗美援朝战争的胜利发挥了重要作用。

杜黑强烈主张空中进攻的最大的成果应当到战场以外去找。如何到战场以外去找？他认为要找那些反抗力量极小，却是最重要最容易摧毁的目标，这些目标尽管是间接的，但却和战场上的行动与结局更为有关。他所指的这些战场以外的目标，主要是战场后方的军事和民用目标。他认为，摧毁这些目标，它在破坏斗志、瓦解缺乏纪律的组织、散布恐怖混乱方面，比冲击有较强抵抗力的地方效果要大得多。一支掌握制空权的强大的独立空军对敌人能采取的行动是无限的。同时，摧毁这些目标将严重地影响交战双方空军的潜力，进而将会导致获胜方尽快掌握制空权。

在空中决定胜利的是火力

在杜黑以前，传统的思想认为决定空中胜利的主要是速度。飞机速度快的一方往往占有主动地位。杜黑也承认空中战争将是速决的。他说，一支独立空军是一支进攻力量，它能以惊人的速度向任何方向打击陆地或海面上的敌方目标，并能突破敌方任何空中抗击。他坚信空中战争可以迅速决胜，空军能缩短战争的时间，因为空中作战是真正的运动战，需要迅速发现，迅速决策，更迅速地执行。由于战斗的强度极大，战斗将进展得很快，它能以闪电般的速度对敌人心脏给以致命打击。因此，空中战争只能由冲突爆发时已做好行动准备的空中力量进行和取胜，而这将发生在陆、海军根本还没有来得及动员之前。航空兵的一个特性，就是它使得进行战争容易了，因为它不再需要摧毁庞大的陆军和海军，空战的结果无疑将比陆战海战来得快。

但是，杜黑对速度决定空中作战胜利这一传统思想发出了挑战。他说，在空战中单纯依靠速度是把全部赌注压在一张靠不住的牌上。我们必须改变目前对空中作战的看法，否则就要失败。

否定一种传统的作战指导思想，必然会提出一种新的作战指导思想。杜黑既然不主张速度决定空中胜利这一传统思想，那么，他提出什么新的思想呢？他明确提出，在空战中决定胜利的是火力。很显然，在杜黑的头脑中，火力要重于速度。他是这样加以说明的，速度只能用来捉住敌人或脱离敌人，仅此而已。一架较慢而带有重型武器的飞机能用自己的武器打开通路，永远能战胜较快的飞机。一支由速度较慢而武器较强的飞机组成的空战队，能够顶住敌驱逐队的火力成功地完成自己的任务。正因为如此，杜黑非常重视重型轰炸机的发展，认为它对战争的胜负起着决定性的作用。他举例说，A国空军对B国的铁路枢纽、车站、道路交叉口、居民点、军需供应站和其他重要目标的轰炸，可以阻止B国陆军的动员；对其海军基地、工厂、油库、锚泊战舰和商用港口的轰炸，可以阻止其海军的有效活动；对最重要的居民中心的轰炸，可以在全国散布恐慌，迅速摧毁B国物质和精神上的抵抗。从空中攻击一个大城市对居民的冲击是极为可怕的：先是爆炸，其次是大火，然后毒气飘散在地面上阻止人们接近被炸的区域。城市生活必将中断。如果第二天又有几十个城市被炸，那么，谁也不可能阻止这些茫然无措、惊恐万状的人们逃往乡村去躲避来自空中的恐慌。一个国家如果遭到这样一种毁灭性的空中打击，他们的社会结构将很快瓦解。人民出于自我保护的本能，为了终止恐怖和痛苦会起而要求结束战争。杜黑举了在第一次世界大战中发生在意大利城市布里西亚的慌乱情景：在为早先一次轰炸的死难者举行的葬礼上，一个送葬人竟把飞鸟当成了飞机。而在1940年至1941年的空中"闪击战"中，德国轰炸波兰、荷兰、比利时、法国、希腊、南斯拉夫，摧毁了他们的抵抗意志，迅速赢得了战争的胜利。这为杜黑的以上论断及设想作了很好的验证。杜黑这种重视空中火力打击的思想，后来逐步演变成战略轰炸思想，成为高技术条件下局部战争的一种重要手段。

有效的防空只能是间接的

杜黑注重空中进攻，而对防御特别是防空则较轻视。他认为，真正有效的防空只能是间接的。为什么呢？他分析道，因为摧毁了敌方基地的空中力量，就削弱了敌方空中力量的进攻能力。要达到防御这个目的的最可靠最有效的方法就是摧毁敌方的地面基地的空军。除非在敌人的空中力量还没有机会袭击我们之前加以摧毁，我们没有什么实际办法可以阻止它的进攻。要想保卫海岸线不受海上攻击，并不是要沿全线分散部署舰船和大炮，而是要夺得制海权，即阻止敌人航行。地面是天空的"海岸线"，天空和海洋情况是类似的。因此，地球表面，不论陆地还是水面，要防御空中攻击，不是要分散部署大炮和飞机，而是要阻止敌人飞行。换句话说，就是要"夺得制空权"。未来空中进攻的巨大规模要求人们"用进攻来防御"。

不难看出，杜黑主张的"用进攻来防御"，就是要主动对敌方的重要目标实施有力摧毁，使其不能有效地组织起进攻。他认为这是一种积极的防御。杜黑以打闯进村庄的疯狗为例来说明这个道理。他写道，当一条疯狗可能闯进村庄时，村民们并不各自待在自己家门口，手拿棍子，等待疯狗突然出现时把它击毙。这样做会耽误他们的工作，还不能阻止疯狗咬人。没有一个村民会这么做。他们一定会聚集三四个或更多勇敢的人去追踪疯狗，找到它的窝，将它打死。同样，除非在敌人的空中力量还没有机会袭击我们之前加以摧毁，我们没有什么实际办法可以阻止它的进攻。

正因为杜黑主张积极防御，所以他强烈地反对消极的防空，认为消极防空违反了战争经济法原则，是一种消极费钱的做法。

杜黑从战争经济性的原则，对当时的防空活动进行了考察，从而得出以下结论：防御行动将迫使我们为了纯粹消极目的投入比攻击我们的人要大得多的资源，可能大到我们无法承担的程度。他就这个问题作了形象的比喻描述，进行了生动的分析论述。他认为，尽管有发达的通信系统，当敌机到达目标时，如果我方驱逐机不是已在空中，就很难及时起飞，阻止敌人向选定的目标投下所载炸弹。用炮射击很少命中目标，就像用步枪打麻雀一样，也许偶尔碰上一个。高射枪炮沿城镇街道和乡村努力追逐在各处随意俯冲的飞机，正像骑着自行车追逐返巢的鸽子！高射炮火到了弹道的后半部成了从天而降的炮弹。所有这些防御火力劳而无功，徒然消耗国家大量物资，有时浪费在阻止预计的而不是真正的空袭上。为此，杜黑感慨道，有多少炮口指向天空，月复一月甚至年复一年等待着始终没有到来的空袭！有多少驱逐机动用了人力物力，始终没有机会保卫任何东西！多少人长时间徒劳地注视着天空，等待敌人出现，最后放下心去睡觉！遍布全国用于防空的武器和人力物力的总量一定是很巨大的，所有这些被浪费了的资源，本来是可以有益地用于其他目的的。为此，要放弃这种消极费钱的做法，派出自己的进攻性空中力量去对付噩梦似的威胁，去寻找敌人，在它的巢穴中击毁它，从而结束这场噩梦和威胁。这将是最好的出路，它将以最小的代价取得最大的成果。

　　杜黑认为，仅仅依靠航空兵的空中抗击和地面对空兵器的抗击来防空，实行起来是颇令人失望的，没有一种"纯防御"的防空能十分有效。从使用航空兵进行空中抗击来看，他认为，当敌机来袭时，如果我方驱逐机不是已在空中，就很难及时起飞，阻止敌人向预定目标投弹。而且如果将航空兵部队用于这种纯空中防御方式，就必须以许多倍于敌人的兵力到处设防，随时准备抗击大群的敌航空兵部队袭击我某一目标。假定我方有20个重要目标在敌空中力量的活动半径之内，为了对付其空袭，就必须在每个目标附近都驻有一支与敌空中力量相当的兵力，结果飞机总数必须比敌人大20倍。这样解决问题显然是荒谬的。由此也可看出，飞机是一种出色的进攻武器，不是优良的防御武器，不适用于防御。航空兵的防御价值比进攻价值要小得多，把它用于进攻要比用于防御更为有利，100架飞机用于进攻，要比500架或1000架用于防御作用更大，因而更节省更聪明的做法是将这些力量用在最有效的地方，用于进行对地突击而不是抵抗突击。所以说，将航空兵器用于纯防御必然是荒谬的，即使它较进攻者强大，却不得不陷入完全被动，不能追求任何积极目的，从而把主动权让给了敌人。

因此，杜黑认为，如果敌人采用大规模空中进攻方式的话，仅靠单纯的防空是无法阻止它的。即使要保卫受到一架飞机威胁的所有城市，也不得不向每个城市派出防空飞机和高炮。为了防一架敌机，不知需要多少防空飞机和高炮，不知需要多少地面观察哨，也不知这些观察哨、防空飞机、高炮需要警戒多久。总之，为了这种防御，不知要投入多少资源和精力。而所有这一切仅仅是由于一架飞机，它甚至根本不必起飞，仅靠它的潜在威力，就可以牵制住所有这些资源和人力。何况对于空中进攻一方来说，必然要集中其全部力量攻击对方某点，这将使防御一方投入的资源大到无法承担的程度。面对这种空中进攻，不仅没有一种局部防空十分有效，而且显然违背战争经济性原则。所以说，仅用大批飞机组成空中防御，和用地面武器组成对空防御来对抗空中进攻，都将有利于敌人而导致自己失败。

杜黑一再强调，地面是从空中保卫的，正如海岸要从海上保卫一样，最好的方法就是通过空中进攻摧毁敌人的空中力量，夺得制空权。"谁若不能控制敌方天空，也就不能控制自己的天空。"

在杜黑的头脑里，防空应只限于那些能减少空中进攻效果的做法，如疏散重要机关，准备防空掩蔽部，采取防毒气措施等，只有特别重要的中心才应当由高炮防卫。

用现代防空的观点来分析，杜黑由于忽略了地面防空武器系统作战效能的巨大发展，忽视了防空体系特别是国家防空体系的重大战略意义，因而对防空抱有偏见，并得出了一些诸如"空中防御实际是无用的"等在今天看来是错误的观点。但他反复论证防空的弱点也不无根据。除了当时经济条件的限制外，在第一次世界大战中，由于没有可靠的探测手段，截击机在空中待战往往劳而无功，在地面待战又往往来不及升到预定高度。地面防空部队击中一架飞机确实非常困难，需要消耗数千发炮弹。伦敦、威尼斯等地的高炮就战绩很小，而消耗巨大。战争中，飞机性能提高比高炮性能提高快，更增加了高炮击中飞机的困难。英国军械部当时有个估计，对付一架在2500米高度以时速160公里飞越战线的飞机，需要在飞机通过防空区航线的每一点上都有一发炮弹。这显然是不可能的。单纯性防空确实会牵制大量的人力物力。

即使在第二次世界大战中也有这种情况，1944年以后德国本土的防空正是这样。德国军工生产部长施佩尔曾坦率地承认，美英的空袭使德国所控制的每一平方米的国土都是战线，为了反空袭，德国军队一万多门高炮指向天空但却常常无所事事。

总的看，杜黑关于防空思想的基本精神是主张"以攻为守"，应该说是有其值得肯定之处的。现代防空作战不仅要求严密防护和坚决抗击，同时要求积极反击。杜黑竭力主张的用空中进攻将敌人的空袭兵器摧毁于基地，就是这种积极反击的行动，是积极防空思想的突出体现，也是现代战争的客观要求。海湾战争中，伊拉克采取所谓"静态防御"战略，在争夺制空权的斗争中，重防轻攻，没有发动过一次像样的空中进攻性行动，加之防空作战又组织不力，因此最后在没有给对方造成应有损伤的情况下遭到惨败。这说明，在防空作战中要想夺取制空权，没有一支有效的空中进攻力量，并树立积极进攻（反击）的作战思想是不能奏效的。正因为如此，现在越来越多的国家都把"以攻为守"作为防空作战的一条重要原则，强调在防空作战中必须尽可能地采取积极的进攻性行动，力争将敌人的空袭兵器消灭在地面上以利于夺得制空权，有效地保证防空作战的胜利。但是，杜黑把防空完全看成是消极的，这也是片面的认识。

第 8 章

建设军事航空后备力量

　　杜黑还提出了加强国家航空工业和民用航空建设,是建立强大空中力量的基础这一思想。在航空事业刚刚发展的情况下,他就十分敏锐地看到了航空事业是富有生命力的新事物。正像他所说:航空,不论军用和民用,正在迅速扩大,我们也不知道它明天将达到什么程度。他认识到航空工业在军事上和民用方面的巨大潜力,认为发展航空是一件紧迫的国家大事,具有头等的重要性,呼吁政府对航空问题引起注意,要大力发展航空事业,为军事航空提供充分的后备力量。

未来战争是总体战

　　杜黑论述军事航空后备力量建设这一问题,是从考察未来战争的变化出发的。他认为,尽管战争的发展主要是由战争技术手段这个最基本要素决定的,但是,战争毕竟是人类社会中的一项重要活动。因此,还必须从更高的方面来考察战争,即从社会总体的变革中把握人类战争未来变化的趋势。他说:我们应当站得更高来观察战争的变化,如果我们这样做,就能立刻看到世界大战具有一种和以往任何战争不同的特性，我们称它为社会性。

看到战争的社会性，这是杜黑考察战争的根本立足点。正是从战争的社会性考察，他提出了总体战的思想。他指出：现今的社会组织形式已经使战争带有一种全民性特性，即国家全体居民和全部资源都被吸收入战争熔炉中，而且，既然社会肯定继续沿着这个方向发展，人类现在就能预见到，未来战争在特性和范围上都将是总体的。尽管人类的预见能力有限，我们还是可以完全肯定地认为，未来战争的特性将和以往根本不同。杜黑这里所说的现今社会组织形式，是指伴随着工业革命而产生的社会化大生产。工业社会的社会化大生产从两个方面对战争产生影响。一是科学技术的进步使武器的威力更大，从而使战争更加残酷。战争的损害极大，人员大量伤亡，迫使人们将更多的人力物力投入战争中去，使战争的规模日益增大，甚至扩大到整个国家。二是战争消耗增大，对整个国民生产的依赖性增大，这就要求国家的全体公民都要行动起来投入战争之中。

杜黑认为，总体战争的一个突出特性是，战争的主体力量是人民，武装部队只是参加战争的人民力量的一部分，仅仅是供人民使用的手段。而在以往的战争中，武装部队则是进行战争的唯一力量。杜黑指出，世界大战前夕，人民开始认识自己的力量，几乎不知不觉地感到，把自己的命运寄托于只占自己全部力量一部分的人的战斗结局是荒唐的。一旦各国人民意识到自己的地位，各国之间的斗争也必然出现同样情况。他们必将用全部能力和资源投入斗争。高度文明的人民，成百万有觉悟的人，不会把他们的未来托付别人，也不会把他们的命运寄托于一个"拥兵首领"的某种突击或某个武装集团的英雄主义上。战争是人民群众参加的战争，人民群众主宰战争，决定战争的命运。杜黑甚至还预言，未来战争将要求国家提供全部物质的和精神的资源，具有以其全部能力、全部资源、全部信念进行的巨大生死斗争的特点，而不能局限于国家的一部分，也不能局限于国民某一阶级和人群，一切有形无形的人力物力都必须用于战争。全体国民必须深刻关心它、探讨它、了解它，以便准备迎接将要到来的考验。战争结局更主要的是取决于国家的抵抗能力，它将是国家之间相互拼搏的斗争。这也是与以往战争不同的显著特点。

杜黑的总体战思想，为他提出加强军事航空后备力量建设思想提供了理论基础。既然未来战争是总体战，战争不单纯是武装力量参加的事情，人民群众在战争中起着重要的作用，那么，加强军事航空后备力量建设就不单纯是空军部门自己的事情，而是关系到整个国家的事情。

民航的发展使空军拥有庞大的后备力量

杜黑十分重视军事航空后备力量的建设，强调必须在建立军事航空的同时建立民用航空，军用航空与民用航空可以相得益彰，应把民航看成是对空军的重要补充，为军用航空提供强大的后备力量。

杜黑认为，飞机使交通运输的速度大为提高，并有可能在地球表面各点之间，不论它们多么分散和遥远，建立起更快速更经济的联系。这种联系不仅对于一个国家的经济建设有好处，而且对军事也大有好处。正如他指出的：民用航空的发展，对军事非常有利，因为民用航空所需要的一切工具都很适宜于军事的目的。民用航空使用的飞机、训练的飞行员并在实际活动中储备这些人员及各种航空设施，这些都是军事机关可以直接加以利用的手段。这样，空军不仅可以不断得到新的飞机，而且还拥有庞大的后备力量。

杜黑指出，发展民航可以推动航空工业的进步，有利于空军掌握新式飞机。在一个国家中，兴旺的民用航空事业，尤其是民航对航空器的大量需求，可以刺激航空科技的不断现代化以及整个航空工业的不断发展。大量技术专家、训练有素的工人和诸多工业部门转向这一新领域的生产，国家的注意力大量集中到这种新工业上，必然促进航空工业的迅速发展。而航空工业既是带动整个国家工业发展的龙头，又是发展军事航空和国防空中力量的基础。所有国防机构都能从航空科技进步和航空工业进展中间接得益。随着民用航空的发展，空军的许多需要和装备除依赖军事方面的进展外，还可以依赖民用方面的进展加以解决。军用飞机的装备费和维持费都是巨大的，如果单靠军队自己的力量，也将很难保证始终拥有最新式的飞机；而军事航空依靠经常在活动着的民用航空及其研制机构，就能始终掌握最新式的飞机。具体说，如果军事部门需要某种特殊类型或具有特殊设备的飞机，它只需向从事航空科研和试验的机构提出要求，请他们研究这个问题，生产这种飞机，军事部门将比通过其他途径得到更快更满意的答复。

杜黑主张，民航运输队伍战时可以征招改编为军事空运力量，为战略空中机动提供便利条件。他说，民用航空工具的改善将提高空中力量的军事价值。特别是掌握一支巨大的空中运输队伍，从军事意义上说，将相当于拥有一支随时准备保卫本国利益的巨大独立空军。在这里，他实际上是预见到了民航运输中具有的这支巨大的空中运输队伍，对于实施战略空中机动的重要意义。事实上，民航运输队伍与军事航空力量之间并没有根本的区别，他们之间具有共通性。在平时，他们是民航运输队伍，在战时，他们就可以转变为军事航空力量，实施战略空中机动，这种做法在世界战争史上已屡见不鲜。在第二次世界大战中的中印缅战区的"驼峰空运"中，中国民用航空公司就一直参加这一活动，为战争服务，并为此损失46架飞机。现代高技术局部战争爆发突然、节奏快、持续时间较短，甚至一次战役或战斗就是一次战争，初战就是决战。因此，快速部署，把需要的精锐部队在尽可能短的时间内运送到战区具有重要意义。海湾战争初期，美军之所以能很快稳定战局和很快改变战区内与伊拉克地面部队的力量对比，靠的就是"战略空中机动"，就是依靠包括民航在内的强大的空运力量，跨洋越洲，在很短的时间内，把作战部队和物资投放到了战区。美国空军的军事空运司令部从"沙漠盾牌"行动开始，就依靠民用航空公司来帮助其完成艰巨的空运任务。开始时，有近40架大型运输机参加；到第二阶段又增加了59架远程客机和17架远程货机。在此次战争中，空运了全部作战物资的15%和54.4万人，其中民用后备航空队和租赁的志愿民航运输机运送了空运的27%的物资和64%的人员，足见民用空运力量对于军事空运的巨大潜力。

  杜黑还看到，民航机场可为空军提供完善的基地保障网络。他对空军基地网的建设十分重视。他说：为发挥空军最大作战效能创造最有利条件，必须有作为降落场使用的大量空军基地。因此，必须重视空军基地或组成独立空军的各个部队的驻扎基地的配置，组成大小不等的基地群，以便充分利用各个飞机的活动半径，使整个独立空军获得最大的活动范围。的确，空军基地是空军航空兵作战的依托，从某种意义上说，空军基地的建设与作战部队的建设同等重要。有许多关键地区的基地，即使是数量不多，也具有极为重要的战略价值。如美国空军，一个关岛基地就能使其空军的战略航空兵控制西太平洋，一个迪戈加西亚基地就搞活了他们在中东和印度洋上的作战活动。然而，空军经费有限，平时用于维修现有基地都有困难，要建设大量新的现代化基地更加困难。而积极发展民航，既可以由民航修建必要的新的现代化机场，又可将一部分军用机场改为军民合用，由民航出资进行改造。这样做的结果必然使国家的机场网络更加严密和完善，为战时更加充分发挥空军的作用奠定坚实的基础。

杜黑认为，民航可以为空军储备大量的飞行、维修和其他专业技术人才。平时空军军费有限，养不了那么多部队，规模不能太大，而打起仗来却需要迅速扩编部队、补充损伤，临时训练又来不及。因此，积极发展民航，并把年龄偏大但尚能飞行的飞行员或其他人员及时转入民航系统，是极好的战备措施。这些人员战时稍加恢复就可以担负作战任务。关于人员训练，杜黑说，对民航提出的唯一条件就是发生战争时能使这些人立即作好参战准备，在平时则应进行最低限度的军事训练以满足战争动员时勤务的需要。满足这种条件应由军事航空部门进行指导和监督，并给予一定的训练经费。

杜黑关于民航的发展使空军拥有庞大后备力量的这些观点具有重要的战略意义。目前许多国家就特别重视军事航空后备力量建设，某些具体措施在一定程度上就是杜黑思想的再现。例如美国在朝鲜战争后便颁布法律，建立了民用后备航空队作为军事空运部队的后备力量。民用后备航空队由全国的民用航空公司中选定的大中型运输机组成，平时对指定的飞行员有组织地进行军事空运训练，并由空军拨款对这些飞机进行预先改装，以便在战时能按空军的需要迅速改装成执行军事空运任务的飞机。这一寓军于民的重要措施不仅缓解了美国空军现役军事空运力量不足的问题，而且还在一定程度上节省了军费。自组建以来，民用后备航空队平时就承担了一部分美国国内的军事空运任务，使现役空运部队能集中力量完成海外的战略空运任务。民用后备航空队的征用量大，承担任务多，反应十分迅速，表明这支后备力量的建设已经达到了很高水平。

为了国家安全应促进民航的发展

杜黑在论述民用航空是空军后备力量这一思想的基础上，强调要从国家安全的战略高度看待民用航空事业的建设，指出民航事业以及航空工业的发展水平，事关一个国家的安全利益和未来的国际战略地位。由于发展民航"构成了政治力量、国家财富、军事安全的一种手段"，尤其是对"国家安全上有好处"，他主张军用航空和民航分治，积极倡议发展民航，呼吁国家要鼓励、关心航空线的建立和有效的运行，包括开辟"短途地方航空线和长途大型飞机航空线"，建立"大量的空中航线"构成"巨大的航空网"，建设众多的"航空港"以促进民航的发展。他强调，在计划建立航空线时，必须从全局观念出发考虑到上面列举的各种好处，而不要局限于计较当前的开支。

杜黑甚至提出，"国家应将一大笔国防经费用于进一步发展和平时期的民用航空"。民用航空的一切与国防直接有关的活动应得到国防机关的支持。应当从军事航空的经费份额内给予民用航空一些财政补助，随着民用航空的发展扩大和自给自足，这种财政补助将逐渐减少，从长远看，最终将减到最低限额；同时保持着一旦发生战争，便吸收民航成为一支有效打击力量的能力。军用航空还可以提供更多合作来帮助民航发展，可以委托民航担负一些非纯军事的活动，如训练飞行员、机械员、维修人员。总之，各种非纯军事的专门技术训练都可以交给民航去办。飞行员不论军民都应成为他们飞机的主人；机械员不论军民都应懂得发动机，并了解如何使其保持运转。因此，所有航空技术训练都可以委托民航企业，这样可以减轻军事机关的负担，降低开支，并刺激民航的事业心。在杜黑看来，军事航空既能鼓励民用航空做许多事情，同时又保证了自己的利益不受干扰，且在战争中将会受益。

杜黑指出不论民用航空与国防关系如何，都应受到国家的支持和鼓励。因为这些活动都与国防间接有关。这类活动包括涉及航空科学进步和工业进展的各方面、改善国家航空工业和航空商业在国际竞争中的地位的各方面。比如，航空工业应大量发展出口贸易，这对于国防是十分重要的，这样就能大量生产优良产品以满足战争时期的需要。对于国防来说，具有一个有出口贸易的航空工业加上几个中队的新式飞机，要比具有一个需依靠进口物资的碰运气式的航空工业加上大量用凑合的装备武装起来的中队不知要好多少倍。因此，航空技术应当作出努力，使本国的工业能和外国竞争，这对国防也是有利的。因此，国家要向航空工业提供保护、进行宣传、提供研究和试验经费以促进它的发展。国家应建立专门预算用于对国防无直接关系的民航活动。为了推动国家的航空工业发展，需要明确的方向和保障措施。国家必须制定明确的航空政策，否则不能达到目的。

杜黑的这些观点，已为世界各国广泛采纳。发展民航，是人类文明、社会进步的重要标志；发展民航，平时能够扩大开放、联系世界、方便人民、繁荣经济，战时可为空军的扩大和作战奠定雄厚的物质基础。

航空事业应坚持军用和民用兼顾

杜黑认为，发展军事航空需要大量资金，没有一个国家富裕到能保持一支随时可以出动的完全能够满足战争需要的军事航空力量，而民航则可以作为空军的后备力量，因此，他建议在和平时期，发展航空事业应当坚持军用和民用兼顾的原则，这样既有利于平时的国家建设和发展，又有利于战时的军事需要，可以一举两得。

怎样才能使航空事业的发展做到军用和民用两者兼顾呢？杜黑提出的思想主要有：

发展民用航空应使它在战时能用作军用航空的补充。杜黑指出，由于一切国家不论贫富，在战时都不得不将它的民用航空力量用于军事目的，因此发展民用航空时必须充分考虑到这一点，特别是要建立一支强大的空中运输机队，并能使其立即转为强大的军事航空力量。从一定意义上说，民用航空活动"就是储备能直接用于国防"的"手段"，当战时需要时，平时的民用航空能够并应迅速转为军用航空。杜黑要求一个国家的航空部应当经常注视计划中的民航运输队的组织和装备，以便两者能迅速、不费力地转为"战争手段"。由此他提出，应加快和尽力做到"组建一支在国家需要时能够立即改造为强大的军用空中力量的民航"，在必要时，使之成为军用航空的一部分。在促进空中航行和本国航空工业发展时，要创造条件使它们具有迅速转为战争工具的能力。

军用飞机和民用飞机可以相互改变。杜黑认为，在当时技术条件下，军用飞机与民用飞机在功能特性上有许多相同的地方，军用航空和民用航空相互协商，一旦需要，通过适当的技术措施，军用飞机可以改装成民用飞机，反过来，民用飞机也可以改装成军用飞机。在和平时期，即正常条件下，军用飞机只有潜在的作用，表示战争爆发时它能做什么。在国家生活正常运行时，一切用于维持军用飞机的资源都是着眼于它的潜在作用的。而冲突爆发时能立即改变为军用的民用飞机，它的潜在价值和军用飞机几乎是一样的。但在和平时期，由于它能完成有用的民用勤务，还具有现实的价值。我们以同样的开支，利用能改造成军用飞机的民用飞机可以获得相同的军事能力，同时还能保持一支十分有效的民用航空力量。这样做的好处极大。

开辟空中航路要充分考虑有利于军民两用。杜黑认为，为了对国家最有利，建立新的空中航线网应有助于民航的发展和军航的使用。他拿意大利举例说：本国的形状清楚指明其主要航空线应取的航路是两条：一条沿海岸；另一条经过波河流域，伸向地中海的各条航线将在此连接。这个三角形网络不仅将对意大利的民航发展起明显的作用，而且将在国防上迅速获得重要收益。它不仅能促进巴尔干各国之间，以及中欧、非洲和亚洲之间的空中交通，而且这个三角形网络还能用于未来的战略空中机动。例如，在战争爆发时，可以在波河谷地或沿海前线迅速集中航空部队。

国家必须成立最高航空机构，来统一领导关系到地方和军队的航空事业。杜黑强调，发展空中航行是一件国家大事，应由政府密切关注。建立航空线将会在政治、经济、社会、军事等领域内提出一系列问题。这些问题应由一个具有内阁部长级权力的国家机构来解决。它应具有相当的权威，同时要与地方、军队等部门密切合作。应当有一个部门将所有地方的和军队的这些航空机构和它们的职能协调成为一个负责的、工作顺畅的整体，将它们在一个单一的、全面的方针下联合起来。他主张，这种联合只能通过航空部来实现。航空部应有权威和能力处理地方和军队与航空有关的一切问题，不论其性质如何。而且政府主管航空的这个部门，要统一负责在战争状态下将国家的民航力量和航空工业体系迅速转入军事用途，纳入进行战争的总体力量体系之中，为赢得战争胜利服务。

杜黑还设想在未来战争中，当战争爆发时，所有的民航飞机将完全可以且必须交给独立空军掌握。这既包括物资，也包括人员。民航公司使用的全部飞机在制造时都曾考虑到它们最终要用于战争。对每一种不同的机型都储备了合适的军械，一旦下令动员，马上可以装上去，使其适合于军用。他们的飞行人员也立即军事化，成为这些飞机的作战机组成员。平时通过定期与独立空军的支队一起执行任务，全体人员都受到过作战训练。当然民航飞机转变为军用飞机，总不如专门为作战而制造的飞机那样有效，但是民航飞机可以用于进行次等重要的作战行动。

为了发展空军后备力量，杜黑还主张国家要积极发展各种民间航空活动，如举办航空比赛、飞行表演、航空展览等，以吸引广大民众尤其是青少年关心国家航空事业的发展，并以此作为提高全民航空意识、为空军后备力量发展培养人才的重要措施。杜黑指出，即使现在也不难预见到，用于航空体育运动和私人旅行方面的飞机将迅速发展，体育性和竞赛性航空活动将会随之得到发展，大批的勇敢青年将学会飞行术。完全具有新特点的新的航空活动将会出现。国家有关部门应鼓励和促进这些航空活动，如地方的体育和娱乐飞行，因为这也是为空军培养后备力量的一种途径。杜黑甚至设想在未来战争中，将会考虑直接使用业余体育航空的手段，其目的是利用从事这种飞行所具有的热情和年轻的活力。他认为，应当确立这样的信心，在战争计划中给这些业余航空活动以一席之地，到适当的时候它就会自发地发挥作用。

意大利飞行家意大洛·巴尔波十分赞赏杜黑提出的注重建设军事航空后备力量这一思想。他在为《制空权》所作的前言中专门写了这样一段话：未来战争是关系到大家的问题，是一个严肃的问题，不应只留给职业军人去考虑，而应使政界人士、技术人员、学者、科学家都关心，而且还应引起普通大众的重视。因为人民才是现代战争的第一个和最后一个参加者。

杜黑提出的注重建设军事航空后备力量的思想，是一个十分重要的思想，它不仅极大地促进了空军后备力量建设和民用航空的发展，而且最重要的是它体现了"军民结合""平战结合""寓兵于民"的正确思路。如今，这一思想在指导实践中已经有了很大的发展。空军、民航、航空工业之间的关系越来越密切。引导广大青少年参加航空活动，已成为各国都很重视的发展航空事、培养空军后备力量的重要工作。航空事业日益普及，深入人心，航空活动已扩展到国家生活的各个方面，开创着日益广阔的前景。

第 9 章

思想的传播和不同的评价

杜黑的以"制空权"为核心的思想体系，从它产生后，便在世界各国逐步传播开来，并得到了不同的评价。围绕对杜黑理论的不同看法，其争论至今还在继续。

思想的广泛传播

杜黑的思想是随着他的主要军事著作《制空权》在世界各国广泛传播而传播的。《制空权》一书在意大利出版后，从20世纪30年代开始，世界一些主要国家便以各种文字翻译出版该书，从而使杜黑的思想在这些国家得到了传播。

杜黑的思想最早是在法国得以传播的。法国一位名叫让·罗梅耶的有识之士，于1932年看到了意大利1927年出版的《制空权》后，就从中摘译了部分内容，登载于法国的杂志《翼》上。同年在法国陆军部的支持下，又以《空中的战争》为名编印成书。1935年，法国陆军炮兵上校P. 沃捷又根据1932年意大利文第三版《制空权》，研究撰写成了《杜黑将军及其军事学说》一书。这是对杜黑思想较早进行较系统研究的一部著作。同年，巴黎的贝尔热—勒夫拉特出版公司出版了该书，对传播杜黑的思想起到了重要的作用。

法国出版了以《空中的战争》为名的杜黑的著作以后，不久即由法国驻美国大使馆武官带到美国，由多罗西·本尼迪克特翻译成英文，由美国陆军部出版，书名定为《空中作战》。但当时该书的影响只局限于美国陆军航空队战术学校内，在美国其他地方，杜黑的影响微乎其微，直到第二次世界大战爆发时，美国军人大多还不知道杜黑和他的学说。为了在美国传播杜黑的思想，1941年，路易斯·丸西戈尔德主要根据1932年意大利文第三版的《制空权》，撰写了《杜黑与空中战争》一书，其内容主要是对《制空权》一书的编译，介绍了杜黑的生平，分专题摘译了杜黑的主要观点，并对这些观点进行了评论。该书由纽约C.P.帕特南父子出版公司出版，对杜黑的思想在美国的传播产生了一定的影响。

杜黑的思想在苏联的传播最早可能是在1935年，这一年俄文版的《制空权》第一次在苏联出版。但是，这个俄文版只译出了《制空权》一书中的第一部分，而另外三个部分没有收入。当时的苏联工农红军空军副司令兼参谋长赫里平，在为这本俄文版的《制空权》写的前言中介绍了杜黑的生平和主要思想观点，重点评价了杜黑的空军战略理论及制空权思想。

1942年，意大利人迪诺·费拉里将1932年意大利文版的《制空权》全文译成英文，先由美国的科沃德·麦卡恩公司出版，第二年，这个英文版的《制空权》即在英国出版。1955年是杜黑逝世二十五周年的日子，为纪念这位军事理论大家，意大利出版了《制空权》第四版。这一版的《制空权》出版后，美国人希拉·费希尔又将这个版本译成英文，于1958年由意大利罗马航空技术杂志社出版。英文版的《制空权》对传播杜黑的思想起到了重要的作用。它为广大英语国家读者第一次提供了一个完整的版本，从而把杜黑这个名字及其学说传播到世界各地。

苏联俄文版的《制空权》出版后不久即传到中国。1936年，国民党中央陆军军官学校将俄文版的《制空权》翻译成中文版，杜黑的思想开始在中国得到传播。1980年，中国人民解放军空军指挥学院翻印了这个译本。1986年，空军指挥学院教授曹毅风、华人杰根据迪诺·费拉里1942年的英译本译出完整的中文版《制空权》，由解放军出版社出版。从此杜黑的思想在中国开始得到广泛的传播并产生较大影响。

此外，《制空权》一书还曾被译成德文和日文等。世界上许多国家大都曾翻译出版过该书。在从1921年《制空权》第一版出版至今的八十多年中，《制空权》一书已在全世界广泛传播，杜黑的思想也随着这种广泛传播被越来越多的人了解，并产生了重大的影响。

不尽相同的评价

随着杜黑的思想在世界各国的广泛传播，人们对杜黑的思想也展开了不断的研究。人们在研究杜黑思想的过程中，对他的思想产生了自己的看法和评价。这些看法和评价有的一致，有的不同，有的观点甚至完全相反，反映了人们对杜黑思想的不同认识。

有的人认为杜黑的理论是毫无根据的幻想，有的人则认为是严谨推论出来的科学预言；有的人把杜黑称为"空军制胜论者"而全盘加以否定，有的人则把"战略创新者""军事哲学家""空军理论的奠基人""空军战略之父""空军的克劳塞维茨"等桂冠戴在他的头上；有的人认为第二次世界大战的实践"完全推翻了杜黑的学说"，有的人则认为第二次世界大战的实践与杜黑理论"完全相符"。我们可以把人们对杜黑理论的不同评价概括为两种不同的派别，即"赞成派"和"反对派"。

首先看一看"赞成派"是怎样说的吧。

1932年，当杜黑的《制空权》第三版在意大利出版时，当时任意大利航空部部长的意大洛·巴尔波在为该书写的前言中说：杜黑是第一位探索未来战争是什么样的人。他完全明了空军破坏了上千年来战争的特点。不了解新的战争因素，不及时检查思想体系和方法，是不慎重和危险的。

1935年，法国的贝当元帅在谈到杜黑的思想时这样说：战后的许多理论家中只有杜黑创立了一个完整的理论体系。从总体上看，他的理论组织严密；从局部看，他进行了详细的论证。只有他建立了精确的原则以决定各种武装力量之间的比例。杜黑的理论是值得认真研究的。他是新思想的无穷源泉。他所创立的杰出学说对未来战争有着决定性影响。

同年，苏联的赫里平撰文指出：杜黑将军是现代空中战争的主要理论家，他的见解无论对军事理论的建立还是对资本主义国家空中力量的建设，都产生了巨大的影响。杜黑曾极有远见地提出了空中力量发展的途径，他认为空军是最富于进攻性的力量，这是任何资产阶级军事学家都没有提出过的。杜黑关于必须建立独立空军的见解是非常有价值的。但是，赫里平又指出，杜黑是一个唯心主义的航空机械论者，他只看到自己的空中力量会成为夺取胜利的工具，而没有看到敌人空军的积极作战行动的效果，也没有看到战争的样式会发生变化，会出现许多新式武器。

1942年，杜黑的《制空权》英文版出版，美国人迪诺·费拉里在出版说明中写道：杜黑的《制空权》是历来出版的论述空中力量的最重要的一本书。它完全可以与马汉论述海上力量和克劳塞维茨论述陆军作为帝国工具的著作并列。当他着手写作本书的时候，只有极少数人粗略认识到作战飞机的前景，对于飞机用作国家工具而产生的总的战略原则根本没有什么认识。

1947年，美国普林斯顿大学出版的《现代战略缔造者》一书中说：杜黑著作影响是深远的。他的很多观点已经得到战争实践的支持。但另一方面，他也有很多观点被证明过于乐观，甚至是不正确的。尽管他的一些信念在目前的战争中被证明是错误的，但战争发展的趋势，除了与飞机设计有关的观点外，正在按照杜黑的预测发展。

1959年，美国国际战略问题专家罗纳德·布罗迪，在他所写的《导弹时代的核战略》一书中说，杜黑具有极丰富的独创才能，并把这种才能完全用到研究空军的学说上面了。他把杜黑与马汉作比较说，马汉是一个反复阐述旧战略思想的人，而不是一个新的战略思想的创造者。杜黑的战略思想与过去的战略思想相反，它是具有彻底革命性的战略思想。他认为，杜黑的学说不仅在美国陆军航空队中取得了彻底胜利，而且也在自由信奉他的学说的各大国的空军中取得了彻底的胜利。杜黑的学说对各国空军普遍产生了并将继续产生巨大的影响，对美国的空军更是如此。他又说，美国空军学说是按照杜黑的学说发展起来的，这不仅表现在十分强调战略轰炸上，而且也表现在对他的学说作了许多修正。

1967年，曾担任过美国空军军事学院院长的唐纳德森·弗里泽尔，在其撰写的《早期的空军战略理论》一书中讲到，

《制空权》这部争议很大的著作，尽管遭到很多人的猛烈抨击，但却对军事思想和军事战略的发展作出了巨大的贡献。他认为，杜黑是位有远见的人，在动力推动的飞行科学还处于幼年时期，他就为空军的创立和运用制定了一整套战略原则。在技术上，他犯了很多错误，过高地估计了实力的作用，过低地估计了人的抵抗意志的作用。但同时，他了解空军在新时期的极端重要性。虽然他的观点还没有全部被历史所证实，但是在这个热核力量和洲际运载工具时代正在前进之际，他的战略观点肯定是值得当今世界领袖们注意的。

1979年，曾任日本空军干部学校和防卫厅教官的空军上校乡田充，在其撰著的《空中力量发展史及其战略战术的演变》一书中，肯定了杜黑关于空军是现代战争的决定性力量的观点，他指出，杜黑的理论有缺陷，也有夸张，但不管怎样，最早明确地提出空军将在战争中起决定性作用的，是杜黑。这是无疑的。这一点已在第二次世界大战的过程中得到了证明。后来，随着军事航空事业的飞跃发展，不到半个世纪，正像杜黑所预言的那样，空军成了战争的主要力量。他认为，杜黑的理论有重大的现实意义。比如，杜黑明确地断定，为了能以轰炸机实施战略性的攻击，必须首先夺取空中优势，接着要掌握制空权即绝对的空中优势。这是杜黑的精华，具有很高的理论价值。其原则是必须遵守的。

1986年，美国空军上校约翰·塞纳发表了论文——《对杜黑的思考》，文中指出朝鲜战争、越南战争、阿以战争以及其他冲突都证实了杜黑的集中控制和大规模使用空军的主张是正确的。他所主张的航空兵赢得战争的方式——战略轰炸，仍然是从根本上打击敌人作战能力的有效方法，即使在常规战争中也是如此。

同年，《制空权》中文版的译者曹毅风和华人杰，在《杜黑及其制空权理论》一文中指出，杜黑的著作在军事学术史上占有重要地位，对现代军事理论也有一定影响。他从战略高度全面论述与空军有关的各方面问题，有许多论点直到今天仍有很大的参考价值，能给我们以有益的启示。

"反对派"又是怎样评价杜黑思想的呢？

这一派主要是指在第二次世界大战后相当长的一个时期里，苏联对杜黑思想的一种看法。他们与"赞成派"相反，对杜黑的思想是完全否定的。由季莫霍维奇主编的《伟大卫国战争中的苏联空军战役学》中讲到，建立在唯心主义和形而上学基础上的杜黑理论是很荒谬的。这种理论缺乏科学根据，它对陆军和海军日益增长的进攻能力估计过低，而对空军的作用则又明显地夸大。杜黑不可能正确解决争夺制空权的问题，杜黑只承认空袭兵器正在迅速发展，却没有看到防空兵器的发展变化。杜黑夸大轰炸航空兵的作用，却毫无根据地贬低歼击航空兵争夺制空权的作用。同时，杜黑的理论也是十分反动的，因为它宣扬了用摧毁城市和残酷消灭和平居民的方法进行战争。苏联1957年出版的《论资产阶级军事科学》一书指出，杜黑所有著作都是建立在力求寻找一种不需建立大规模的武装力量和不需要进行持久战的斗争方法的基础之上的。无疑，这一切都反映了资产阶级害怕持久战和他们对于帝国主义战争可能转变为国内战争，转变为革命战争的本能的恐惧。1976年版《苏联军事百科全书》和1983年版《苏联军事百科词典》在杜黑的词条中都指出：杜黑理论反映了资产阶级的阶级利益和资产阶级害怕人数众多的军队起来革命的心理。他夸大空军的作用，第二次世界大战和战后许多局部战争的经验证明，杜黑的空军制胜论的见解是毫无根据的。

人们之所以会对杜黑理论产生如此大的争议，究其原因，无非有这样几个方面：一是杜黑理论自身还存在不完善性甚至错误之处；二是由于当时航空技术不发达，空中力量还比较薄弱，还没有完全显示出应有的威力，使杜黑理论缺乏实现的物质基础，也就是在相当长的历史时期，理论未经过实战的检验；三是杜黑理论从根本上动摇了传统的军事理论，使军队结构、武装力量各部分之间的关系及军事学术发生革命性变革，这在许多国家触及了现行军事制度，涉及各军事利益的调整，因此必然受到传统军事思想维护者和因循守旧势力的反对；四是随着战争实践的发展，杜黑的远见卓识不断显露出来，人们看到了空中力量在战争中的重要地位，从而愈加认识到杜黑理论的重要性。

无论是"赞成派"还是"反对派"，他们对杜黑理论的评价都有片面之处。正确的评价应该是既看到杜黑理论的作用，也要看到其不足。正如华人杰等在《空军学术思想史》中所说，杜黑学说几乎包括了空军建设的各个方面，但核心的问题还是制空权和空中战争，在这两个问题上杜黑的认识因受当时的技术条件的影响，以及航空兵问世不久，战争经验很少等原因，有些结论是错误的。杜黑不赞成防空，低估了陆、海军在未来战争中的作用，都是经不起战争实践考验的。杜黑的空中战争理论最大缺点是过高估计了航空兵的破坏威力，尤其是打击平民士气的效果及其对战争结局的影响。但是，杜黑作为新的军事学说的先驱者，能够在20世纪20年代初就预见到未来战争性质的巨大变化，首次提出一套比较系统的空中战争和制空权理论，不仅从战略高度来研究空军，而且对建设空军提出一系列颇有见地的主张。这些思想、办法有许多曾经起过作用，为世界许多国家建设空军所借鉴，而且至今仍有其学术价值，在空军学术思想史上占有重要地位。还是《制空权》中文版的译者曹毅风和华人杰在《杜黑及其制空权理论》一文中说得好，由于缺乏实践，杜黑的思想带有很大的预测性、主观性，有正确，也有错误。如果简单用一句话来概括，可以认为他的贡献在于创新，错误在于夸大。

争论的主要问题

杜黑冲破了传统军事理论的束缚，勾画了崭新战争样式的概貌，开创了空军学术思想的新领域，因而能够广泛流传于世，并对许多国家的军事理论产生了重大影响。但与此同时，杜黑理论的传播和发展也遇到重重阻力，经过曲折过程，这中间伴随着激烈的学术争论。近一个世纪以来，围绕着杜黑军事理论的褒贬始终没有停息，争论至今还在继续。这些争论的主要问题是：

其一，关于制空权在战争中的重要性。杜黑最先给制空权下的定义基本上为后人所接受，但其"掌握制空权就是胜利，没有制空权就注定要失败"的观点，却引起了许多不同的看法。有一种理论认为，制空权的作用只限于对战争的进程和结局产生重大影响，并不能取得决定性的效果。但第二次世界大战及后来局部战争的事实使许多人认识到，没有制空权就没有制陆权和制海权，"掌握制空权就意味着胜利"的观点是完全能够成立的。而杜黑不承认"相对制空权概念"，在夺取制空权的力量上忽视了相关军兵种的作用，以及对夺取制空权的艰巨性和复杂性估计不足等问题，则受到人们较多的批评。

其二，关于空军的独立军种地位。杜黑提出建立一支与陆、海军平起平坐的独立空军的主张后，在意大利很长一段时间里没有得到政府和军方的支持。20世纪20至30年代，主张将空中力量仅用于执行战术支援任务的观点，也充斥于美、英、法等国的军事概则中，他们坚持将空中力量配属于地面部队的指挥体制，认为没有必要成立独立空军。但是由于杜黑的主张顺应了客观形势发展的需要，后来，他提出的空军体制结构的基本模式陆续成为各国军队发展的大趋势，他主张的确立在总参谋部统一指挥下的陆海空三军并立制、空军自身统一指挥下的多职能兵种制，以及空军作战力量编成中以进攻力量为主体等观点，逐渐被许多国家所采纳。但对于他强调的在空军兵种的编成上要有"最大限度的轰炸力量"，至今各国仍有不同的看法。

其三，关于空军的作战使用原则。杜黑提出过许多重要的空军使用原则，如充分发挥空军"长于进攻"的特性，进攻摧毁敌人的"鸟巢"和"鸟蛋"是夺取制空权的最有效方法，空军最好的防御永远在于进攻，独立空军永远应当集中使用，慎重选择突击目标和突击顺序，"突然袭击""常备不懈"等。军事理论界对这些原则本身并无太大的争议，主要分歧在于这些理论原则是否经受住了实战的检验。现代"空地一体""海地一体"作战理论已频繁出现在各国的军事理论著述和作战条令中，说明杜黑关于空中力量价值将不断提高的观点已经得到各国的普遍认同。至于杜黑认为防空战无法夺取制空权；面对大规模的空中进攻只能"用进攻来防御"，"没有一种局部防空十分有效"；在空军执行夺取制空权与支援陆、海军作战的用兵顺序上，不讲条件地把支援作战放到次要地位，否定陆、海军配属航空兵的作用等观点，从现代战争的视角来看，人们对其加以否定都是有道理的。

其四，关于空中战争能否决定最终的胜负。坚持古老军种"主导论"和"决胜论"的思维定式的人们，对杜黑提出的空中战场是未来战争中的决定性战场，将先于其他战场取得决定性胜利；新的战争样式——空中战争必将出现；空中战争只需流最少的血，即可以迅速摧毁敌人物质上和精神上的抵抗等观点大加反对。他们认为，航空兵是"用途有限的辅助武器""辅助手段"，杜黑夸大了空军的作用，空军不可能单独完成战争使命。在有的国家甚至将此作为"空军制胜论"的主要观点长期进行批判。但也有人认为，这一观点是能够成立的，但"是有前提条件的"，条件是空中力量"足够强大"。20世纪最后十年发生的几场大规模战争支持了后一种观点，使反对这一观点的人不得不以新的眼光重新评价杜黑的"空中战争"思想。

纵观迄今的空军史可以看出，各国空军发展建设的进程和作战运用的结果差异很大，形成这种差异的原因很多，但首先是与各国对以制空权为核心的空军理论的传播和接受程度有关。意、德、英、美等空军强国的实践说明，先进的空军理论是空军发展建设和成功作战运用的先导，在采取加强空军建设的实际步骤之前，他们大都需要进行空军在现代战争中地位作用的广泛讨论，而这些讨论必然要涉及杜黑理论的上述重要问题。而且这种讨论不只在军事学术界进行，常常涉及整个军界和人民，甚至国家元首、政府首脑、议会议员都会表明认识和态度。伴随着这种讨论，人们对杜黑理论的争论必将经久不衰。

第10章

不可泯灭的历史贡献

尽管人们对杜黑理论有着不同的评价，其争论至今还在继续，但是，不可否认的是，杜黑提出的理论不仅对当时传统的军事理论造成了巨大冲击，而且对后来军事理论的发展，对空军力量建设的发展，以及对战争实践的发展，都产生了划时代的影响，具有重要的历史贡献。

空军理论体系的奠基者

杜黑理论涵盖了空军的战略运用、作战使用及发展建设的主要方面，这些问题都是空军学术思想的核心内容。杜黑在空中力量发展的初期即对上述问题作了较系统的阐述，创立了空军学术的理论体系，开辟了空军学术思想发展的广阔天地。

在杜黑之前，陆、海军的运用在各国军事思想中均占绝对主导地位，新诞生的空中力量的运用在军事思想中则完全居于附属和次要的地位。第一次世界大战中，尽管英国在战争结束前成立了独立空军，协约国空中力量也组织了对德国纵深战略目标的空中打击，但是由于航空技术装备的作战能力较弱，空中力量的独立运用还难以对战争的进程和结局产生重大影响。因而在第一次世界大战后，多数国家军事航空的指挥控制体制，仍是空中力量隶属于地面的战术部队，主要执行战术突击或保障任务。英、法、美等国军队统帅部中占主导地位的地面部队军官认为，根据克劳塞维茨的军事理论，敌人的军队是敌人整体所依赖的力量和运动的中心，只有通过消灭敌人的军队才能彻底粉碎敌人的意志，这一基本原则在未来战争中不会改变。因而坚持把保障陆军这一主要兵种在战场上取得决定性的胜利，作为合成军队诸兵种协同原则的基础。他们认为第一次世界大战中空中力量对敌人后方目标进行的轰炸作战是无效的和不人道的，空中力量最有效的运用方式是进行航空侦察和校正炮兵射击，这一点在未来战争中也不会改变。因此，他们极力反对在战争中使用空中力量突击敌方纵深的战争潜力目标，反对赋予军事航空部队独立的战略任务。这种思想在地面部队指挥官中根深蒂固。

1919年7月，美国加利福尼亚众议员查尔斯·柯里在国会提出一项议案，要求在美国联邦政府中建立一个独立的航空部，并建立一支能进行独立作战和联合作战的航空兵。这项议案曾得到研究航空问题的克罗韦尔委员会的支持。但同年8月，美国陆军部长贝克决定成立以查尔斯·梅诺尔少将为首的航空委员会进一步研究军事航空问题，结果该委员会提交的最后报告得出的结论是反对成立独立的航空部和航空兵。

直到杜黑的制空权理论问世，对空军学术思想的创立和发展终于产生了重要的影响。他从战略高度论述的空中力量的作用和建立一支与陆、海军并列的独立空军是绝对必要的观点，犹如一块巨石投入一潭死水之中，强烈地震撼了沉闷的军事理论界。

杜黑强调独立的空中作战是未来战争中战略行动的主要样式，空中战场是决定性的战场。在这些观点影响下，空军学术思想领域最重要的创新和发展，可算是产生于20世纪30年代的战略轰炸理论，美国陆军航空队战术学校对此作出了重大的贡献。该校的教研人员经过深入研究，在克劳塞维茨的经典作战理论与杜黑新的空中力量作战原则之间建立了某种必然的联系。他们敏锐地抓住传统军事思想中确立的"粉碎敌人意志"的指导原则，并以此作为空中力量使用原则的基础。他们根据现代战争对物资保障要求愈来愈高的现实，从克劳塞维茨的"重心"原则出发，认为现代国家在工业上服务战争的能力已经成为其力量的重心，如果持续打击敌国的工业经济结构，必将粉碎敌国的抵抗意志。根据杜黑的观点，由于空中力量具有独特的作战能力，因而是一种直接打击敌人重心的有效力量。据此，该校的教员们提出了一种强调空中力量战略作用的并且更有说服力的理论，这就是战略轰炸理论，并试图以此指导空中力量的建设。

可见杜黑的理论对美国陆军航空队战术学校学术思想经历的这次重大转变产生了不可低估的影响。战略轰炸理论强调轰炸航空兵直接对敌工业体系中至关重要的目标进行持续的昼间精确轰炸，从而无须进行大规模地面作战即可赢得战争的胜利。这种理论实际上就是吸取了杜黑的思想精华并结合航空技术的发展而加以具体化。对此，当时美国陆军航空队司令阿诺德将军作了具体阐述："就战略轰炸而言，其理论仍然是我们自己关于纯粹防御的思想与加以修改的杜黑思想相结合的产物。"该校利用教学场所的特殊有利条件，广泛宣扬和传播新思想、新理论，因而其影响面较大。

杜黑理论对后来空军学术思想的发展也产生了重要的影

响。例如，美国著名的军事理论家威廉·米切尔就深受杜黑理论的影响。米切尔从第一次世界大战的实践中敏锐地认识到空中力量对作战方法产生的革命性影响，他从全球战略的角度出发，以犀利的目光审视空中力量对国家安全和国防政策的影响，强调空中力量是维系国家生存、发展、繁荣与安全的决定性力量，力主建立由歼击、轰炸和强击航空兵组成的独立空军，认为空军的战略作战将决定未来战争的胜负。继杜黑的《制空权》之后，米切尔撰写的《我们的空军：国防的基石》和《空中国防论》等著作，进一步论述了空军军事学术的诸多理论问题。第二次世界大战中，俄裔美国人塞维尔斯基写下了《通过空中力量取胜》一书，再次从战略高度阐述了空中力量的巨大价值，并结合战争实际进一步发展了杜黑的思想。经过第二次世界大战，人们对空中力量的战略作用和建立独立军种的必要性已经达成共识。

几十年来，杜黑的主要学术观点已广泛地体现在各国空军的作战条令之中，成为各国空军的共同理论财富。纵览当今世界的空军理论，我们都能看到与杜黑相同或相近的观点：

——空军是与陆、海军并列的独立军种；

——空军的使命是袭击空中、陆上和海上目标，夺取制空权，赢得空中战争，并给陆、海战场以重大的甚至决定性影响；

——空军的基本任务是战役、战略突击，国土防空作战，协同陆军海军作战，航空侦察和空中输送；

——现代战争通常从空中开始，空军将首当其冲，首当其用；

——空军是支持威慑战略和实战战略的主要力量之一，其行动可以决定战役战斗的结局和达到一定的战略目的；

——空军作战力量的编成要攻防兼备，作战样式的选定要攻防兼施、注重进攻；

——常规空中进攻战役理论，在后核时代将逐步取代核突击理论，空中进攻战役是空军最重要的使用方式，要慎重选择打击目标和突击顺序；

——国土防空作战是战略作战的重要组成部分，对国家安危具有至关重要的意义。

——空中作战和防空作战的基本方式，是空军各兵种、各种武器系统在广阔空间密切协同的群体作战；

——空军兵力要统一指挥，集中使用，切忌分散使用，零敲碎打。

不难看出，杜黑的确是空军理论体系的创立者，是一位对空军理论的发展产生重要影响的军事理论大家。

独立空军思想的创立者

在航空运用于军事的初期，杜黑就大声疾呼必须建立与陆、海军平起平坐的独立空军，全面阐述了建立独立空军的重要性以及怎样建立一支独立空军，并为此奋斗了一生。他的这一远见卓识，为军事航空力量的发展指出了正确方向，对现代各国军事航空力量的发展和建设起到了重要的理论先导作用。后来，世界多数国家的空中力量建设基本上是沿着杜黑预言的方向在发展。

杜黑将争夺制空权以及摧毁敌方战争潜力和战争意志，作为重要的战略任务赋予空中力量，为空中力量走向独立的战略军种奠定了坚实的基础。

早在第一次世界大战中，面对德国飞机和飞艇的狂轰滥炸，英国战时内阁萌发了把空中力量作为进行战争的新手段的大胆设想，即对德国实施报复性战略轰炸。于是，1918年4月，英国在皇家飞行队和皇家海军航空勤务队的基础上，建立了世界上第一支具有独立军种地位的空中力量，即英国皇家空军。英国皇家空军在严密组织伦敦防空的同时，组织力量对德国本土纵深的战争潜力目标进行了一定规模的轰炸。尽管这种轰炸行动对第一次世界大战的进程和结局没有产生什么实质性的影响，但预示着独立空军将以一种新的方式执行所赋予的战略任务。第一次世界大战后，在军事需求急剧缩减的情况下，英国皇家空军独立军种地位继续保留面临着严峻的挑战。当英国在维持其中东领地稳定上面临棘手问题时，英国皇家空军首任参谋长特伦查德抓住杜黑制空权理论的精髓，从国家战略的高度提出了"空军控制"的理论。依据"空军控制"理论，英国不必向中东地区派遣大规模的地面部队控制地形复杂的领地，而是在中东领地部署适当数量的空中打击力量，保持对广阔领地的连续监控。在发现意外事件的情况下，以空中打击或威胁的方法，便能有效地控制住事态的发展，结果以较小的代价，既有效地控制了广阔的英帝国中东领地，又牢固地确立了英国皇家空军独立军种的战略地位。

英国建立独立空军后不久，1918年5月，在俄国，刚刚夺取了政权的布尔什维克也建立了统一指挥航空兵的领导机关，即工农红军空军总局，这是苏联建立独立空军的标志。苏联空军建立初期，赫里平和拉普钦斯基等杰出人物，批判性地接受了杜黑思想的精华，从战略高度肯定空军在现代战争中的战略价值，将空军视为夺取战争胜利必不可少的力量，十分重视发展以轰炸航空兵为主的空军战役军团。但在20世纪30年代，苏联党内整肃运动扩大化后，赫里平和拉普钦斯基等人从苏联军队中销声匿迹，苏联空军的建设方向也随之发生了重大的变化，由注重发展战略突击力量转变为主要发展战术突击力量。这种建设思想的转变与大纵深战役理论相结合，使苏联空军不论在作战理论还是部队结构方面都具有相当突出的独特性。第二次世界大战中，苏联空军主要作为一支战术突击力量协同地面部队作战，对夺取战役的胜利发挥了重要的作用。但苏联空军缺乏直接执行战略打击任务的能力，因而对整个战争进程直接施加影响的能力显得相当薄弱。

第一次世界大战结束后，在杜黑理论的直接影响下，欧洲主要国家相继建立了独立空军。

1923年，杜黑的祖国意大利建立了独立空军，杜黑一生的最大愿望终于成为现实。但是由于受技术条件的影响，意大利始终没有建立起一支强大的空中力量。意大利空军不仅不具备执行战略空中打击的能力，即使是战术突击力量也相当弱小。

1934年，较早开始研究杜黑理论的法国建立了独立空军，但法国沉湎于第一次世界大战的胜利之中，军事思想较为保守落后，其空军建设也受到了极大的束缚。

1935年，迅速崛起的德国在凡尔赛条约的苛刻制约下建立了独立空军。杜黑理论对德国空军早期的作战思想曾产生过重大影响，德国空军首任参谋长韦维尔十分推崇杜黑的观点，极力主张把空军建成一支强大的战略打击力量。但在他去世后，这一主张未能变为现实，最终德国空军建成了一支与地面军队协同作战的具有强大突击力的战术空中力量，并依据"闪击战"理论发展装备和确立相应的指挥控制体制。德国空军作为强大战术突击力量在第二次世界大战初期的机动战中发挥了重要的作用，但当战争转入持久的消耗战后，德国空军结构不合理的重大缺陷就完全暴露出来了。其装备以战术作战飞机为主，执行战略轰炸任务的重型轰炸机数量少且性能不佳，结果不仅导致德国空军在"不列颠之战"中未能完成夺取海峡制空权的战役任务，也使德国军队登陆英伦三岛的"海狮"战略行动计划无限期推迟，同时也使德国在遭到美英持续的战略轰炸的情况下未能组织起有效的报复性轰炸。

在美洲，最早重视独立空军作用的是加拿大，于1920年建立了空军。之后，墨西哥于1924年，智利于1930年，巴西于1940年先后建立了规模不等的空军。

飞机虽然诞生于美国，但这一划时代的成就并没有引起美国官方的足够重视，直到第二次世界大战结束后，才真正赋予空中力量独立军种的地位。20世纪30年代，在杜黑思想的影响下，美国的米切尔和陆军航空队战术学校的教员们，为宣扬空中力量的作用作出了不懈的努力，美国空中力量的建设在这些思想与传统军事思想的斗争中缓慢地向前发展。在此期间，美国空中力量由一支执行战术保障任务的勤务保障队伍，发展为一支执行战术支援任务的战术突击力量，以中队数量计算，驱逐机部队由原来的22%增加到35%，轰炸机部队由原来的22%增加到27%，观察机部队由原来的44%下降到29%，强击机部队由原来的12%下降到9%。特别是20世纪30年代中期，美国军事航空部队的指挥体制中建立了总司令部航空兵指挥机构，其下编有若干联队级的战术作战部队，这就在战役使用层次对空中力量实现了集中统一指挥。美国参加第二次世界大战前，其陆军先后实施了"24个大队"的计划，积极扩充陆军空中力量。随后美国陆军将航空队改编为陆军航空兵，成为陆军中一个重要的作战兵种。后来建立了空中力量的战役军团，即航空队，使美国的空中力量在第二次世界大战中得以实施一些独立的战略行动。

真正促使美国空中力量向独立空军转变的重要因素也是第二次世界大战。在这个过程中，俄裔美籍航空人士塞维尔斯基发挥了重要的作用。他在1942年2月出版的《通过空中力量制胜》一书中分析了战争初期的几个重大战役，指出：为有效发挥空中力量的作用，国防力量的建设应该确立空军独立军种地位，实行陆上、海上和空中力量相互平等。同时提出了通过空中力量赢得战略优势的思想，他认为美国具有强大的技术优势，在未来总体战中美国可以而且能够依靠空中力量取胜，因此必须改造美国的国防结构，建立一支强大的、具有全球到达能力的战略空中力量，美国仅仅通过威胁使用战略空中力量，就能有效保障其国家利益。塞维尔斯基的思想从主体上讲并非全新，杜黑、米切尔等人在其著述中已论述过有关主要观点。但塞维尔斯基与杜黑、米切尔显著不同之处，在于他主要影响普通民众而不是决策者，同时使其思想具有坚实的航空技术基础并为广大民众所接受，通过民众去影响决策者，因此塞维尔斯基的思想产生了巨大的影响。盖洛普民意测验表明，支持建立独立空军的美国民众在1941年8月时为42%，而到1943年8月则上升至59%。1946年9月，美国国防法终于正式确立了美国空军的独立军种地位。

空中力量在第二次世界大战中发挥的重要作用，使空军的独立军种地位得到普遍承认。许多在大战期间或战后建立空军的国家，在空军建立伊始就确立了它的独立军种地位。杜黑建立独立空军的愿望已成为世界空军发展的总趋势。

航空技术发展的推动者

杜黑年轻时就热衷于航空技术的学习，特别关注航空技术和航空事业的发展，并在《制空权》一书中论述了航空技术和航空事业的发展对空中力量发展的影响。他不仅强调航空技术是空中力量的基础，而且认为航空技术的发展是空军学术思想发展的必要基础，反过来，先进的空军学术思想对航空技术发展也同样具有重要的牵引作用。为了实践其空中战争理论，杜黑提出，完成夺取制空权任务的主要技术装备是"战斗机"，完成摧毁敌方战争意志的主要技术装备是"轰炸机"；后来他又提出最好是把这两种技术装备合为一体，制造出"战斗轰炸机"；此外还需要"侦察机"以完成情报任务。这是杜黑当时设想的几种飞机，并为制造这些飞机提出了技术要求。虽然在他所处的时代还不具备研制出全部这些飞机的技术条件，但他提出的发展这几类飞机的设想，以及他对这些飞机提出的技术指标，为作战飞机的发展指出了明确的方向，后来各国作战飞机的发展基本上遵循着这一思路，并由此推动了航空技术的不断发展。

第一次世界大战爆发时，法、英、俄、美、意、德等主要国家已经拥有飞机总数达 850 多架，他们大力组建航空工业部门，积极发展航空技术和研制多种类型飞机，飞机性能有了很大的提高。大战期间，飞机发动机的功率由 80 马力提高到 900 马力，时速从 100 公里提高到 220 公里，升限从 3000 米提高到 7000 米，续航时间从 3 小时增加到 7 小时，战斗载荷已经可以达到 1000 公斤，活动半径战斗机达到 150 公里、重型轰炸机达到500公里。

按照杜黑的设想，飞机逐步形成了战斗机、轰炸机和侦察机等主要作战机种。飞机充分表现出机动性能强，具有攻击和摧毁地面、海上目标的能力。特别是航空炸弹由开始只有两公斤重发展到一吨重，而且还研制出了燃烧弹。

第一次世界大战结束以后，为适应空中力量发展的需要，航空技术得到较快发展，各国空中力量的技术装备也有了较大改观，飞机的性能又有了很大提高。单翼作战飞机取代了双翼和三翼作战飞机，飞机的最大时速提高到580公里，航程增大到1100公里，轰炸机可达4000公里。飞机的装备也有了很大改进，飞机担负任务的分工也日趋明确与完善。这些都为飞机的作战使用提供了有利的物质基础。

美国于1935年研制成四发动机的重型轰炸机B-17。这种轰炸机突击威力大，最大载弹量达5吨多；防御火力强，有各种口径的机载火炮13门，载弹6380发，而且在重要部位有装甲；机动能力强，最大时速为512公里，最大航程近6000公里。B-17轰炸机的问世充分展示了空中力量高速机动、远程作战和突击威力强大的独特作战能力，为杜黑的战略轰炸理论提供了理想的实践依据。

为进一步实现杜黑提出的战略空中打击思想，美国还率先提出了空中加油的设想，并实现了技术上的突破。对这项战略技术作出重大贡献的是塞维尔斯基。飞行员出身的塞维尔斯基深知载油量对飞行的重要性。他在编队飞行中获得灵感，提出了空中加油与受油的思想，并于1929年成功地进行了空中加油试验，飞机留空时间达七天之久。这使美国成为世界上最先掌握空中加油技术的国家，对后来全球空中力量的发展产生了重大影响。第二次世界大战后，战术空中力量之所以能够执行战略任务，完全得益于成熟的空中加油技术。

如今，各国为了争夺现代空中战争的主动权，竞相研制各种先进的航空技术装备。战斗机的发展早已经到了第四代、第五代，美国的 F-22 已经列装，与之同代的中国的歼 20 和俄罗斯的 T50 也即将装备部队。第四代作战飞机具有超音速巡航和隐身的能力，是一种先进的制空战斗机，同时也具有较强的对地突击能力，在某种程度上正是按照杜黑当年设想的"战斗轰炸机"的两大基本功能来设计的。轰炸机已由亚音速突防轰炸机，发展为超音速突防轰炸机；目前突防轰炸机的主力已由隐身轰炸机所取代，非隐身轰炸机已经作为远程巡航导弹的发射平台使用。机载武器由非制导化向制导化方向发展，制导方式由雷达、激光和电视制导，发展为以雷达和全球定位系统制导为主；制导武器的射程明显增大，空空武器实现了超视距攻击，空地突击武器实现了防空区外突击。机载电子设备的飞速发展，使空中力量的全天候执行任务的能力有了空前提高。可以说，杜黑理论对航空技术的发展起到了促进作用，而航空技术的高度发展，也为实现杜黑的空中战争理论提供了物质手段。

战争样式演变的预见者

杜黑多次说过，他更大的功劳是教人们摆脱学术偏见，诚心诚意地去研究当代的军事实际。又说，在我们这个历史时期，战争特性和形式经历了深刻的变化，战争理论只能在真实的战争中得到检验，我的观点不是建立在任意的空想上，而是建立在今天的现实上。正是从现实而不是从空想出发，杜黑对战争的发展趋势进行了大胆的预测，并得出了科学的结论。

当飞机这种新型的工具运用到战争后不久，杜黑便敏锐地指出，"战争演变曲线将向新方向急剧转折"，这一"急剧转折"的最主要表现就是战争将由二维空间转向三维空间，即由平面战争转向立体战争，一个新的战争样式必将出现在人们的面前。随着立体战争这一新的战争样式的产生，必然会推动整个战争面貌发生非常大的改变。在此基础上，他提出了"空中战场""独立空军"等新概念，引导人们用一种新的观念和新的思维方法去认识战争，从而为后来各国准备和指导战争提供了理论依据。现代条件特别是高技术条件下的局部战争证实了杜黑对战争样式演变的预见。无论是发生在20世纪90年代初的海湾战争，还是发生在20世纪90年代末的科索沃战争，都证实了空中战场的决定性作用，杜黑设想的"空中战争"在高技术时代终于成为现实。

早在《制空权》刚出版时，杜黑就对自己提出的一些观点评价说，许多观点看起来似乎大胆或奇特，但我确信它们必将成立，并最终和其他观点一样为人们所接受。这只不过是个时间问题而已。后来，他又说，衡量一种学说的价值不是看它是否与原有的学说相类似，而是要看它是否符合实际。否则，军事学术就会像死水一潭，停滞不前。杜黑是一位具有创新精神的军事理论大家，也是一位具有极大预见性的军事理论大家，他坚信自己提出的观点是正确的，也会为人们所接受，因为这些观点是符合实际的。人类的战争历史已经证明了这一点。

杜黑逝世将近八十年了，他的理论已成为世界军事理论宝库中的一份珍品，并不断超越时空闪烁着耀眼的光芒。

附　录

年　谱

1869年　5月30日，出生于意大利南部那不勒斯以北的卡塞塔镇一个军人世家。

1885年　中学毕业后，应征入伍，考入意大利陆军炮兵学院。

1888年　毕业于意大利陆军炮兵学院，并被授予陆军中尉军衔。

1889年　考入意大利都灵工程学院，学习高级电工技术。

1891年　在意大利陆军参谋部工作，晋升为陆军上尉。

1893年　入意大利陆军学院学习。

1901~1904年　在多种刊物上发表《从军事观点看机械化》《重型机械与军事机械化》《军用重型车辆驾驶手册》等有关机械化及陆军作战的论文。

1906年　任意大利陆军摩托营营长，晋升为陆军少校。

1908年　第一次观看飞行表演，从此同航空结下不解之缘。

1912年　任意大利陆军航空营营长。

1913年　任职期间为意大利军事航空制定出第一个《飞机作战使用概则》。

1915年　辞去航空营营长一职，离开军队。5月，重新回到意大利军队。7月，任意大利陆军米兰师参谋长，参加第一次世界大战。

1916年　9月16日，因抨击意大利陆军司令指挥无能，被解除米兰师参谋长职务。10月，被意大利军事法庭错误判处监禁一年并罚款170里拉。

1917年　在狱中完成题为《大规模空中进攻》的论文，提出了战略轰炸的观点。10月，出狱。

1918年　年初，任意大利陆军航空局技术勤务处处长。6月，辞去该职务。

1920年　11月，意大利军事法庭撤销了对他的错误判决。
1921年　《制空权》一书在意大利第一次出版。重新回到军队，任意大利国防部航空署主任。
1922年　10月，晋升为陆军少将，任意大利国防部航空部部长。
1923年　辞去意大利航空部部长职务。
1923~1930年　专心从事著述。
1930年　2月15日，病逝于罗马，终年61岁。

主要著作

1.《制空权》，1921年。
2.《未来战争的可能面貌》，1928年。
3.《扼要的重述》，1929年。
4.《19××年战争》，1930年。

参考书目

1. 杜黑著，曹毅风、华人杰译：《制空权》（中文版），解放军出版社，1992年。
2. 闵增富、胡建明：《解读〈制空权〉》，解放军出版社，2005年。
3. 董文先、胡思远：《杜黑理论与空军》，军事科学出版社，1995年。
4. 曹毅风：《现代战争的制空权问题》，中国人民解放军空军学院教材。
5. 邵振庭、胡建明、单锋：《开风之先的空权论——杜黑〈制空权〉潜说》，军事科学出版社，2001年。
6. 华人杰、曹毅风、陈惠秀主编：《空军学术思想史》，解放军出版社，1992年。
7. 崔长琦主编：《世界百年空战纪实》，世界知识出版社，1996年。
8. 李成年、唐彦生主编：《世界空战故事》，蓝天出版社，1992年。
9. 晴川主编：《二十世纪大空战》，海洋出版社，1992年。